Gustav Meyrink

Des deutschen Spießers Wunderhorn

Gesammelte Novellen - 3. Band

Gustav Meyrink

Des deutschen Spießers Wunderhorn

Gesammelte Novellen - 3. Band

ISBN/EAN: 9783959134743

Auflage: 1

Erscheinungsjahr: 2017

Erscheinungsort: Treuchtlingen, Deutschland

Literaricon Verlag UG (haftungsgeschränkt), Uhlbergstr. 18, 91757 Treuchtlingen. Geschäftsführer: Günther Reiter-Werdin, www.literaricon.de. Dieser Titel ist ein Nachdruck eines historischen Buches. Es musste auf alte Vorlagen zurückgegriffen werden; hieraus zwangsläufig resultierende Qualitätsverluste bitten wir zu entschuldigen.

Printed in Germany

Cover:Heinrich Zille, Berliner Fischerstraße, Abb. gemeinfrei

Gustav Meyrink

Des deutschen Spießers Wunderhorn

Gesammelte Novellen

Neuntes bis zwölftes
Tausend

Dritter Band

Albert Langen, München

Druck von Hesse & Becker in Leipzig
Einbände von E. A. Enders in Leipzig

Inhalt des dritten Bandes

Seite

Montreux

Ein pessimistisches Reisebild

Montreux am Lehmannsee liegt im Kanton Sachsen dicht bei Glauchau, und niemand wird daran zweifeln, der in der Hochsaison den Dialekt gehört hat, der um diese Zeit dort vorherrscht. — Und wenn auch Leute, die in Geographie zu Hause sind, deutsche Volksschullehrer, internationale Schlafwagenkondukteure u. dgl. behaupten sollten, es gehöre zum Kanton Vaud und vis-à-vis sei Frankreich, — — einfach nicht glauben! Nur nicht glauben! —

Liegt denn überhaupt ein triftiger Grund vor, sich mit derlei Menschen in Meinungsaustausch einzulassen?! —

Wer den Anblick des Bodensees verträgt, — ich würde mir, wenn ich schon ein See wäre, eine andere, etwas handlichere Form gewählt haben, — fährt am besten, um nach Montreux zu kommen, über Lindau, die Strecke Trottlikon-Idiotlikon. — So ähnlich heißen, glaube ich, diese wichtigen Knotenpunkte.

Landet man in Lausanne, der berühmten Brutstätte der französischen Gouvernante, muß man den Waggon wechseln.

Es ist das das beste, was man tun kann.

Knapp, bevor der Zug einläuft, wird man wahrnehmen, daß plötzlich alle Mitreisenden nachdenklich werden und anfangen, in kleinen, gebundenen Büchern herumzublättern. — Für einen Eingeweihten höheren Grades hat das aber nichts Befremdendes; — sie schlagen nur nach, wie „Träger" im französischen heißt.

— — Eine Stunde später kann man weiter fahren. Bis Vevey. Oder noch weiter.

Wer in Vevey aussteigen will, vielleicht um die berühmte Veveyzigarre, die mit der sogenannten „Pfälzer" bekanntlich ein scharfes Rennen fährt, an Ort und Stelle zu rauchen, dem empfehle ich, wenn er ein ausgesprochener Tierfreund ist, das kleine Hotel „Trois Rois".

Ich selbst stieg einst dort ab, als andere Gasthäuser überfüllt waren, und habe im Speisezimmer etwas ganz Reizendes erlebt.

So deutlich, als sei es gestern erst geschehen, steht das Bild vor meiner Seele. — — Sitze ich da ganz unbefangen beim Essen, mit einem Male sehe ich ein graues, niedliches Bürschchen auf dem Fensterbrette hin und her laufen. — „O, ein sibirisches Eichkätzchen, mit Recht nennt man es die Zierde der russischen Wälder," rufe ich freudig aus, und schon denke ich mir, daß am Ende gar seinetwillen das Hotel im Bädecker mit einem Stern gelobt ist, da fällt mein Blick auf noch zwei solche Tierchen.

Und beschämt mußte ich zugeben, daß es nur gewöhnliche Ratten waren.

Weshalb wohl der Stern im Bädecker steht?! Ich habe es nie begriffen. — Und noch dazu nur ein Stern! Und ich habe doch ganz deutlich drei Ratten gesehen!

Oder sollte das Hotel vielleicht „Trois Rats" heißen?

— — Von Vevey hat man dann nicht mehr lange. — Außer man fährt mit der Elektrischen.

Montreux heißt im nördlichen Ende zuerst Basset, dann Clarens, Chernex, Vernex, Montreux, Bonport, Territet, Collonges und schließlich Veytaux. Je nach den Hotelpreisen.

Hört der Laie zum erstenmal den Namen Montreux nennen, so drängt sich ihm unwillkürlich der Gedanke an einen unbekannten süßen Schnaps auf, ohne daß sich aber für eine solche Ideenassoziation eine zureichende Erklärung finden ließe.

Alle beeideten eidgenössischen Sachverständigen des Kantons Vaud stimmen darin überein, daß Montreux der „schönste Fleck der Erde" sei, und stützen sich auf einen Roman von J. J. Rousseau, in dem es wörtlich so stehen soll. —

Leider ist Rousseau schon lange tot und er kann deshalb nicht mehr darüber einvernommen werden, ob er in seinem Buche den Ton auf „schönste" oder auf „Fleck" gelegt hat. — Es ist das jammerschade, denn es ist sozusagen die Melodie verloren gegangen.

Ich selbst kann leider kein Urteil fällen; ich habe bloß ein Jahr dort gelebt und weiß daher nur von Nebelphänomenen, Regenschwankungen usw. zu berichten.

Die Schönheit der Gegend kenne ich lediglich aus Ansichtskarten.

Wenn mich in diesem Augenblick jemand unterbrechen und fragen würde: „Warum sind Sie dann so lange dort geblieben?" müßte ich ihm antworten: „Weil ich abwarten wollte, bis es zu regnen aufhörte." Ich bitte deshalb, solche persönlichen Fragen gefälligst zu unterlassen.

Das Klima von Montreux ist außerordentlich bemerkenswert, denn es gibt tatsächlich keinen Schnee dort. Kaum berührt er den Boden, verwandelt er sich sofort in Schmutz, und wenn nicht alles trügt, dürfte das wohl daher kommen, daß das Thermometer beständig drei Grad Reaumur über Null zeigt. — Reaumur! nicht etwa Celsius oder Zerfahrenheit.

Derartiges Wetter herrscht von Oktober bis Anfang Mai, und der Gummischuh kommt dort, möchte man sagen, beinahe wild vor. —

Überhaupt verstehe ich nicht, warum Montreux nicht schon längst ein internationales Wettregnen veranstaltet hat. Es könnte dadurch zu einem Sportplatz allerersten Ranges werden, und ich bin sicher, daß es auch in untrainiertem Zustande selbst Salzburg glatt schlagen würde.

Am ersten Februar beginnt der Frühling. Weil

an diesem Tage die Preise für die Fremden um die Hälfte erhöht werden.

Der „Vaudois", auf deutsch „Waadtländer", hilft dann der mangelhaften Witterung nach, indem er im Prachteinband, die Weste mit einer silbernen Pferdekinnkette geschmückt, auf dem Quai auf und ab wandelnd zierlich einen Plattfuß vor den andern setzt und biederstrahlenden Auges die Worte laut wiederholt: „Magnifique! O, quel beau temps."

Gleichzeitig gehen an die Zeitungen des Auslandes auf billiges Käspapier hektographierte Berichte ab, daß — o Wunder — der Frühling eingezogen ist, und daß im Garten des Hotel du Cygne (sprich „Zinch") bereits die Magnolien blühen.

Ich habe mich, als ich das gelesen, sofort in diesen Garten begeben, konnte aber nichts blühendes finden. — Offenbar irrt sich der Berichterstatter jedesmal und versteht unter Magnolien die rosa Lichtmanschetten der Glühlampen, die dort herumhängen.

Der Anblick der Hügelgelände, die den Ort von den Bergen trennen, ist erquickend und lieblich wie der eines wohlfrisierten Schnürpudels, und die Wirkung ihrer unabsehbaren Flächen — vollbepflanzt mit der labenden Rebe — auf das Gemüt des sinnenden Wanderers verstärkt dieses Bild nicht nur fast bis zur Greifbarkeit, — nein, es senkt auch das tröstliche Gefühl froher Gewißheit in alle Herzen, daß hier der Mensch nichts unterließ, Mutter Natur mit sorgsamer Hand zu nimmer rastender Fürsorge für das Gemeinwohl anzuleiten.

Wie gar herrlich paßt sich dieser Rebenflur Montreux mit all dem raffinierten feinsinnigen Luxus seiner Villen, Hotels und Fremdenpensionen an!

Mit tausend Türmchen geschmückt, stehen sie da, diese künstlerischen Bauten, mit zierlichen Arabesken umwuchert. Kein Fleckchen, das die reiche Phantasie der Stukkateure liebevoll mit Ornamenten zu bedecken vergessen hätte.

Trittst du aber erst in das Innere, — so stehst du wie gebannt.

Die Möbel — prächtig geschweift — von rotem erpreßtem Samt tragen sämtlich gehäkelte Kreise aus Zwirn, den teuern Plüsch vor Pomade bewahrend, und kostbare Chenilledecken behüten die Tischplatte vor Übergriffen. — Auch der japanische Schirm über dem Diwan fehlt nicht, und die lampenschützende Ballettänzerin aus rosa Seidenpapier mit den Pappendeckelbeinen und dem goldenen Stern im Haar.

In den Prunkgemächern sitzt außerdem noch ein Engel aus farbigem Gips auf dem Ofen.

Kurz, allüberall ausgegossen die üppige Pracht des preiswerten Axminsterteppichs.

Ja ja, der erlesene Geschmack, der den Waadtländer ziert, hat Montreux einen höchst eigenartigen Reiz verliehen.

Die Grand'rue, die in stets gleicher Breite den Ort durchzieht und nur einmal in eine Buchtung — den „marché" — ausartet, fletscht links und rechts die Laden, die den berauschten Blicken des Fremden geschnitzte Kunstwerke anbieten, — meist Bären aus Holz in allen Größen und Stellungen und mit lebenswahr rotfarbigen Zungen.

Oh, könnte ich doch einmal — für eine kurze Weile nur — mit einem solchen Kunstwerk allein unter vier Augen sein! —

Doch nicht bloß im Darstellen der natürlichen Verrichtung des Bären hat sich der Schönheitssinn des Volkes betätigt, nein, auch einer reichen Phantasie ließ er jauchzend die Zügel schießen. — Der Bär als Schirmständer, als Aschenbecher, als Pfeifenlehne und als Zuhälter des Tintenfasses, kurz der Bär in allen Lebenslagen füllt die Schaufenster. —

Wie sie sich aber auch vor den Laden stauen, die nordischen fremden Frauen, wenn die kaschubisch-semmelblonde Saison beginnt! In appetitlichen Lodenkleidern zum Hochknöpfen. — Schlicht wie Läuse.

Eine Holzgruppe ist besonders beliebt bei ihnen: Der Bärenpapa sitzt bei Tisch und raucht, und die Bärenmama züchtigt mit einer echten Rute das Bärenbaby.

Der begeisterten Ausrufe aus holdem Frauenmund ist dann kein Ende: „Achch, sieh' nu' ma'. Zückend! Nöch? Und das Kleinchen da, wie reizend; und so natürlich!"

Und daneben ein Handelshaus, das hält elfenbeinerne Erinnerungen feil. — Den glatten, festen Zahn des majestätischen Elefanten haben sie so lang verschnitzelt, bis er in tausend wirrgeformte Krawattennadeln zerfiel, künstliche Blumen darstellend. Immer ein Edelweiß zwischen zwei Vergißmeinnicht, und darunter das Wort „Souvenir". — Zuweilen auch „Ricuerdo Montreux". Ricuerdo! — — — für vazierende Brasilianer!!

Weiter gegen Vernex zu, sagte mir einmal ein Greis, sollen an einem Polyphon aus Holz eingelegt sogar die Bildnisse von Guillaume Tell und General Rülpsli zu sehen sein.

— Ich habe mich aber nie hingetraut und bin nur bis zum Friedhof von Bonport gekommen. Dort steht ein Monument der Kaiserin Elisabeth von Österreich, die sie in Genf ermordet haben, — die Kanaillen.

Ein Freund aus Wien, den ich in Territet traf, machte mich mit grimmiger Miene auf das Denkmal aufmerksam, und als ich sofort den Namen des — Künstlers wissen wollte, da schrie er mich an: „Was kümmert's dich! — Die Schweiz liefert ja doch nicht aus. — — — — —"

— — Das Herz von Montreux ist und bleibt aber der „Kürsall".

Keine größeren Kosten wurden bei seiner Erbauung gescheut. Dafür sieht er jetzt aber auch aus — — wie ein Kasperltheater, das einen Haupttreffer gemacht hat.

Betrittst du, freundlicher Leser, nur die Schwelle seines Eingangs, schon erblickst du von weitem ein gigantisches giftgrünes Mieder auf vier dünnen Säulenbeinen. — Scheue dich nicht, es ist bloß eine Majolikavase, und solchen wirst du in den Sälen noch vielen begegnen. Bei jeder Ecke hat sich mindestens eine ungeniert an die Wand gestellt.

Ich kann den Gedanken nicht loswerden, daß sie aus einer Konkursmasse stammen, und habe lange nachgegrübelt, wie sie wohl entstehen mögen. — Man sagt zwar, wenn man mitleidlos edeln Ton stark erhitze, nehme er schließlich solche Formen an, aber das sind gewiß nur Redereien. —

Die Decke strotzt von „Stukkatur". Einen einzigen flüchtigen Blick habe ich hingeworfen und werde sie nicht schildern. — Ich will nicht.

Hätte sie der gottselige Sardanapal erblickt, er hätte sich ohne Aufschub ein zweites Mal verbrennen lassen.

Neben dem Hauptsaal ist in das Haus ein Theater eingebaut.

Lange haben sie beraten, wie sie es innen ausstatten sollten. — Und als ihnen gar nichts mehr einfiel, da beschlossen sie schlicht und wahr zu sein wie Tell. Ließen jegliche Wandverzierung weg und haben den ganzen Zuschauerraum brustzucker-rosa angestrichen.

Mit jener Farbennuance, die bis dahin das ausschließliche Eigentumsrecht der billigen langgestreckten Hustenzuckerstangen war, die auf Weihnachtsmärkten so begehrt sind. — — —

Wer die Vorstellung nicht aushalten kann, geht in den Hauptsaal und ruht dort aus.

Bänke stehen an den Wänden, mit blauem goldgesterntem Ledertuch überzogen.

Das eingepreßte Muster ist *wirklich* originell. — Es ist von einem berühmten Spezialisten für bösartige Hautkrankheiten entworfen.

Oft habe ich mir ausgemalt, was wohl mit einem geschehen würde, wenn man eine lange Nacht so ganz ohne Beistand und Zuspruch in dem einsamen „Kürsall" zubringen müßte. Es wäre rein nicht auszuhalten!!

— — — — — — — — — — —

— — — Schlägt die Uhr neun, so treten aus einer Türe drei friseurähnliche Gestalten und begeben sich mit spitzigen Schritten in den „Spielsaal". Die mittelste trägt eine polierte Zigarrenkiste.

Darin befindet sich der Kriegsschatz der Montreuxer Spielbank.

— Zweihundert Franken in Silber. —

Und das Spiel beginnt. Es ist schlicht und bieder, denn nur die Bank kann gewinnen. Sechsfach statt neunfach wird ausbezahlt, und fünf Franken pro Spieler sind der höchste Satz.

Es ist eine Art „grad-ungrad auf Ehrenwort“.

Einmal haben sich sieben durch-reisende (oder -brennende?) russische Kosakenoffiziere, die sich von der Schlacht bei Mukden erholen wollten, zusammengetan und versucht, mit siebenmal fünf gleich fünfunddreißig Franken Einsatz auf die Zahl eins die Bank zu sprengen.

Sofort stieß jedoch der Oberkroupier (der mittelste der drei Friseure) den großen Notruf aus; eine fliegende Generalversammlung sämtlicher Waadtländer Aktionäre trat zusammen, und so gelang es noch rechtzeitig, dem frivolen Versuch einen Riegel vorzuschieben.

Wer um elf Uhr nachts den „Kürsall“ verläßt und richtet sein Auge auf die Bergkämme, der sieht da oben viele hundert Meter hoch über Montreux das Hotel Caux.

Mit einem riesigen Ringwall umgeben, im Spekulantenstil gebaut, halb Lebkuchen, halb Sanatorium, sieht es herab ins Tal.

Wie ein Irrenhaus aus Tausendundeiner Nacht!

Um Weihnachten herum rodeln da oben des Londoner shopkeeper's Frau und Töchter.

Wie die Furien sausen sie die Abhänge hinunter. sämtliche vierundsechzig Zähne fletschend. Rittlings, — auf kleinen hölzernen Dingern, die man beim ersten Blick für Bidets mit Schlittenkufen halten könnte, die aber nur hundsgemeine „Rodeln“ sind.

Und haben sie sich totgeschlagen, so lassen sie sich zulöten, nach London schicken und zu Hause begraben. —

— — — — — — — — — — —

So, das wäre alles, was ich über Montreux Lobendes sagen könnte, und kurz und gut, ich kann es allen Reisenden aufs beste empfehlen.

Aus zwei Gründen ganz besonders.

Erstens kann man, noch ehe man hinkommt, nach rechts abschwenken und nach Evian, an der französischen Seite des Sees, das wundervoll und sehr elegant ist, fahren. Oder zweitens, man steigt in Montreux nicht aus und rutscht durch den Simplontunnel direkt nach Italien! —

Prag

Eine optimistisch gehaltene Städteschilderung in vier Bildern

I. Landschaftliche Reize usw.

Selten wissen Engländer oder Franzosen, wo Prag liegt, — denn sie haben, wie es in der Bibel steht, den besseren Teil erwählt.

Auf tschechisch heißt Prag: Prr — aha. Und nicht mit Unrecht.

Die Nebbich, die im südlichen Böhmen entspringt und sich schließlich doch in die Elbe ergießt, fließt rasch an der Stadt vorüber.

Dem harmlosen Fremdling erscheint sie auf den ersten Blick mächtig wie der Mississippi, sie ist aber nur vier Millimeter tief und mit Blutegeln angefüllt.

Allerdings im März, wenn der Tauwind weht, gelingt es ihr, anzuschwellen, und sie gibt dann regelmäßig dem ruhmbedeckten Artillerieregiment Nr. 23, das auf dem „Hradschin" wohnt und Tag und Nacht die Stadt vor den Preußen beschirmt, willkommenen Anlaß, mit den Kanonen zu schießen.

Warnungsschüsse natürlich!

Als aber in neuerer Zeit bewilligt wurde, daß jeden Tag um die Mittagstunde auch geschossen werden dürfe, war damit der letzte haltbare Grund gefallen, die Regulierung der Nebbich länger aufzuschieben. —

Wieviel Monde noch, und man wird Prag sogar per Schiff verlassen können! —

Über die Nebbich führen sechs Brücken, darunter die alte berühmte „steinerne" Brücke, bei deren Bau bekanntlich als Bindemittel Eiweiß verwandt wurde.

Oder irre ich vielleicht? — Dann war es Bleiweiß.

Die Schweden wollten im Dreißigjährigen Krieg über diese Brücke von der Kleinseite her in die Stadt dringen, sind schließlich aber doch zurückgeschreckt.

Angeblich zerfällt Prag in mehrere Teile, — das ist aber nur so ein leeres Versprechen.

Von Süden, Osten und Norden ist es leicht zu erreichen, im Westen wird dies jedoch durch die böhmische Westbahn erfolgreich gehindert.

Wer sich aber darauf kapriziert, kann ganz gut von Furth i. W. aus zu Fuß gehen. — Ach Gott, die Wege sind ja gar nicht so schlecht. —

Übrigens soll sich jeder selber kümmern, der Prag einmal besuchen oder ansehen will.

Der „Verein zur Behebung des Fremdenverkehrs" in der Ferdinandstraße vis-à-vis „Platteis", schräg gegenüber dem Friseur Gürtler, das elfte Haus von Norden, numero conscriptionis 7814478189b gibt auf alle Fragen bereitwilligst Antwort. In böhmischer Sprache natürlich.

II. Inneres Leben

Auf den „Graben" ist etwas Sonnenschein.

Natürlich nur der Kommerzialrat Sonnenschein. —

(Es unterliegt heute überhaupt nicht dem geringsten Zweifel mehr, daß Prag tatsächlich von orientalischen Kaufleuten, wie die Sage berichtet, gegründet wurde.)

Herr Sonnenschein steht gern bei dem Laden der Firma Waldek & Wagner, Gummiwaren und Uterusilien, — und auf seinem Antlitz ruht der Glanz, der von jeher großen Kaufleuten eigen war: Marco Polo, Fugger, Li-hung-tschang.

Er steht dort gern —, es ist mitten zwischen zwei Banken, der böhmischen Landesbank und der Kreditanstalt, und das macht immer á guten Eindruck. — Und dann is er stets schwarz angezogen.

— „Schwarz is immer elegant." —

„Hab' dj' Ähre!" — hat jetzt jemand laut gegrüßt. —

Herr Feldeck von Feldrind ist es. — Ein feiner Kopf.

Die Brusttasche dick geschwollen. — Stearinkerzen hat er drin. — Er nimmt sie immer aus den Laternen seiner Equipage, damit sie der Kutscher nicht stiehlt.

Man dreht sich um: Ah!

Die harmlose kleine Frau Doktor Teichhut ist vorbeigegangen. Klapp, klapp, klapp, mit hohen Absätzen. Sie imitiert sengenden Blick, sieghaft, als hätte sie ein neues Laster erfunden.

Und dort hält ein Wagen. Welch prächtiger Landauer!

Schau nur!

Die Gemahlin des Millionärs Steißbein sitzt darin und ißt mit bloßen Fingern kalte Linsen aus ihrer Pompadour.

Verlegen ruft die Tochter, die eben vorübergeht, ihr zu:

„Aber Mámma, was eßt du das?!"

Jedoch die alte Dame läßt sich nicht beirren.

Ja, und wer ist denn das? — Schon aus Wien zurück? — Ah, da staun ich:

Der Hauptmann Aaron Gedalje Hehler vom Infanterieregiment Nr. 202 ist angekommen. — Schreibabteilung natürlich.

Wer kennt ihn nicht!

Fünfundvierzig Kilo schwer, ist er der Leichtgewichtsbalmachome par excellence. —

Sein unbändiger Mut ist Stadtgespräch, und ein Duell mit ihm muß etwas Schauderhaftes sein.

Gott sei Dank hat er noch keins gehabt.

Er macht einen äußerst verwegenen Eindruck, und daran ist weiter nichts Wunderbares, denn einer seiner Ahnen schon hat sich kühn bis zu weiland Hermann dem Cherusker vorgedrängt, um sich das Knopperngeschäft im Teutoburger Wald nicht entgehen zu lassen.

Erst kürzlich wieder hat man ihn dekoriert, den Hauptmann Hehler, — von Armenien aus, zusammen mit dem Friseur Schicketanz und dem Diurnisten Oberkneifer aus Marienbad, aber gewiß nicht seiner

Furchtlosigkeit oder unvergleichlichen Befähigung, die Ehrbegriffe im kabbalistischem Sinne zu deuten, wegen, sondern offenbar der Verdienste halber, die er sich in den Tagen, als er noch ungetauft und Kommis in der Zichorienbranche war, um Armenien und die angrenzenden Länder erworben hatte.

„Maj Kärl is ä hajpohrn Leedi," singt er abends so gerne beim Wein, denn er liebt die englische Sprache, — Hauptmann Gedalje Hehler!

Jetzt aber, vorgeneigter Leser, folge mir willig ins Café Continental, es ist gerade gegenüber und das Herz Deutsch-Prags.

Siehst du, dort links mündet die Schwefelgasse, so benannt, weil sie täglich der tiefsinnige Rechtsgelehrte Jellinek durchquert, und dort rechts steht der Insektenpulverturm, der mit Recht die „Zeltnergasse" abschließt.

Für Leute, die noch nicht in Prag akklimatisiert sind, empfiehlt es sich ja allerdings, ehe sie zum Besuche des Caféhauses schreiten, sich längere Zeit in einem Wachsfigurenkabinett abzuhärten.

Man wird dann nicht so leicht erschrecken und manche kleine Freude haben, wenn man gelegentlich einen oder den anderen verbürgten Prager Ehrenmann kennen lernt und sich innerlich froh gestehen kann: hurra, ganz denselben Kopf habe ich ja schon in Spiritus gesehen.

Selbstverständlich ist und bleibt aber ein Panoptikum immer nur ein mildes Training, und so manchem, der unvorbereitet das Café betrat, ist der Schreck arg in die Glieder gefahren. —

Ahnungslos drängt man sich zwischen Sesseln hindurch, wehrt dankend dem aufmerksamen Kellner, der einem verbindlich sämtliche österreichischen Wochen-, Tages- und Sennesblätter anbietet, und sieht plötzlich auf:

Um Gottes willen, was ist denn das? —

Da sitzen ja drei assyrische Flügelstiere hinter einem Tisch? —

Mit langen, schwarzen viereckigen Bärten und

2*

glühenden Augen, und starren einem auf die Stelle, wo man die Brieftasche stecken hat.

Es sind aber nur der Herr Eisenkaß aus der Schmielesgasse, der Herr Jeittinger und der Spezialist für unheilbare Krankheiten Doktor Paschory, und ihr Aussehen büßt viel an Schrecklichkeit ein, wenn sie aufstehen, denn sie haben krumme Hosen und den friedlichen Plattfuß.

Und in der Stammecke tagaus tagein, da sitzt ein Herr, der ist vielleicht gar kein Herr, sondern ein Kondor. Er ist zwar immer à quatre epingles, aber er ist doch ein Raubvogel.

Er ist sogar ganz gewiß ein Raubvogel!

Wetten?

Seinen Namen habe ich vergessen, er soll eine „Seehandlung" betreiben, sagt man. — Heißt wohl, er handelt, was er „seht". —

Mit seinen kleinen Augen, dem dünnen, faltigen Hals und dem riesigen Kondorschnabel ist er entsetzlich unheimlich anzuschauen; weiß Gott, man würde sich nicht wundern, wenn er plötzlich still in seine Tasche griffe, einen Haufen Gedärme hervorzöge und sie unter heiserem Geierschrei verzehren würde. —

Und jetzt steht plötzlich alles auf und grüßt ehrerbietig!?!

Ein würdevoll aussehender Herr ist soeben eingetreten, — ein kleines Unterschleifchen im Knopfloch — und dankt herablassend nach allen Seiten. —

Er war früher Offizier. Jetzt ist er falscher Zeuge von Beruf.

Daher die allgemeine Beliebtheit.

III. Aufzug

„Trataraḥ — Trataraḥ — Obácht — Obácht — Kanál — Kanáal." Das Angriffssignal der Prager Bürgereskadron schallt durch die Straßen.

Ein Mann fehlt: — der Fiakerkutscher Kottysch hat in letzter Stunde sein Handpferd nicht hergeborgt.

Angsterfüllt schlottern die Greise auf ihren Gäulen im Asthmagalopp durch die Straßen.

Konkurs hippique! —

— — — — — — — — — — —

Tsin—fum Trarah tsin—fum tsin—fum — — und die Grenadiere ziehen mit riesigen Damenmuffs aus schwarzem Pelz auf dem Kopfe über den Graben.

Die vernickelten Bajonette blitzen in der Sonne.

Ein kriegerisches Stimmungsbild von packender Gewalt!

Man fühlt, jeden Augenblick kann etwas Großes geschehen, vielleicht tritt Lohengrin plötzlich aus einem Anstandsort hervor und schließt sich an.

Voran todesmutig als Generalfeldmarschall der Hosenschneider Kvasnitschka.

Ja, ja, das sind die Grenadiere, vor denen sich schon Friedrich der Große so entsetzlich gefürchtet hat.

Eine halbe Stunde später, und wieder tönen Klänge durch die Luft.

Diesmal mehr potpourriartig:

„Jäh, die Muh—sik, sie spie—lät so siß,
Geht ins Herz — und — in — die Fiß'."

Diesmal ist es die Gilde der Müller!

Sie tragen weiße Strümpfe, gelbe Hosen, einen grünen Rock, violette Samtkappen — obendrauf Astrachan — der Quadratkilometer zwei Kreuzer — und gigantische Beile über den Schultern. —

Das alles bringt eben das Müllergewerbe so mit sich.

Kaum sind die vorbei, kommt es rot heranmarschiert. — Die böhmischen Turner — „Sokols" genannt — mit blutrotem Hemd, um die Grausamkeit anzudeuten, und der Eleganz und Behendigkeit wegen mit Schaftstiefeln angetan.

Eine hellblaue Fahne weht ihnen voran — dem Europäer ist wohl, wenn ihm etwas voranweht — darauf das silberne Wahrzeichen der slawischen Turnerschaft: Ein Geier mit einer Hantelstange in den Krallen. —

Denn der Geier ist und bleibt nun einmal das trefflichste Symbol für den Turner; — was ist der Affe dagegen?!

— Wer von uns hätte noch nicht Gelegenheit gehabt, zu belauschen, wie sich die Geier — wenn alles still ist — leise, leise in die Eisenhandlungen schleichen, — husch, die schwersten Handeln ergreifen und sich in die Lüfte schwingen, heimwärts, den unwirtlichen Felsenhorste zu, um zu Hause ihrem Weibchen das Hantelstemmen beizubringen. —

Welch prächtiges Naturspiel!

Aufzug um Aufzug wälzt sich durch die Gassen, — den Schluß bildet eine kleine, ernste, schwarz gekleidete Schar: der Hausmeistersparverein „U Hadrbolce".

Sie kommen aus der Teinkirche und haben dort zu Ehren ihres Obmannes, des Herrn František Fanfule, der — den heutigen Tag mitgezählt — nunmehr durch volle fünfundzwanzig Jahre niemals um ein Darlehen bei der Vereinssparkasse angesucht hat, — ein Hochamt zelebrieren lassen.

Jede Truppe zieht zuerst vor das böhmische Nationaltheater, jubelt dort, und dann geht es zum Deutschen Kasino.

Dort wird Halt gemacht und längere Zeit ein Wort wiederholt, das ungefähr soviel wie „Krepier!" bedeutet. —

Die Kasinidioten aber sitzen währenddessen gleichmütig hinter den Fensterscheiben und fürchten sich nicht.

Ich bin unberufen kein Prager, würde mich aber auch nicht fürchten, denn der „Aufzug" ist in Prag etwas ganz Alltägliches.

Überdies verfügt das Deutsche Kasino über geheime Hilfskräfte eigener Art.

Die Stadt steht nämlich bekanntermaßen auf einem Netz unterirdischer Gänge, und ein solcher geheimer Gang verbindet diesen Mittelpunkt Prager deutschen Lebens mit dem fernen, aber stammverwandten Jerusalem.

Wenn es nun wirklich einmal schief gehen oder die deutsche Burschenschaft Markomannia, woran, Gott soll hüten, allerdings kaum gedacht werden darf, — versagen sollte, so genügt ein einfacher Druck auf â elektrischen Knopp, und im Handumdrehen sind ein paar hundert frische Makkabäer zur Stelle.

Und da soll man sich dann nix sicher fühlen!!

IV. Gesellschaft

Bei Doktor Serbes ist Soiree. —

„Huhuu — huu — hu," — es wird gesungen und Klavier gespielt.

Es ist schon zehneinviertel Uhr, und immer noch huuu — huhuu — wird gesungen. —

Dem Herrn Richtov knurrt der Magen.

Die Tochter des Hauses ist weiß lackiert.

Endlich wird serviert.

Krebse auf einer Schüssel, kleine steinharte Krebse, — denn der Monat hat vier „r". —

Aber in der Mitte (der Schüssel natürlich) liegt ein Hummer.

Man sticht hinein, es prasselt; der Hummer ist nur eine Attrappe.

Also an die Krebse! — Für jeden Gast ist einer da.

Plötzlich knallt es, — ein Herr ist mit dem Messer ausgerutscht und hat fast den Teller zertrümmert. Sein Krebs aber ist über den Tisch und unter das Buffet geflogen.

Die übrigen Gäste lassen entmutigt von den ihrigen ab, und das Gericht wird abgetragen.

Es werden Stimmen laut, einer oder der andere der Krebse müsse ein Briefbeschwerer gewesen sein.

Ein Lachs kommt, — — mit Kartoffeln.

Man will hineinstechen!

Ausgeschlossen!

Der Lachs ist roh. Nicht einmal ausgenommen.

Man nimmt Kartoffeln.

Der Lachs ist natürlich absichtlich nicht gekocht.

Er wird erst morgen mittag gekocht.

Schon wieder kracht etwas; der Terrier des Hauses ist unter das Buffet gekrochen und knackt den Krebs.

Also doch kein Briefbeschwerer!

Ein neuer Gang: — — — — Lebkuchenherzen.

Jawohl, jawohl, Lebkuchenherzen!

Und dann kommt das Dessert: die zwei Dienstmädchen bringen auf einer Tablette ein Kindergrab herein.

Ringsherum in Eierbechern ist Gefrorenes.

Das Kindergrab aber ist leider leer.

Dann sollte wieder — — huuuhuuuh — gesungen werden, aber das wurde dem Herrn Richtov zu dumm, und er geht in die Küche und läßt auf seine Kosten von den Dienstmädchen hundert Paar heiße Würstel und zwanzig Liter Bier aus dem Wirtshaus holen.

Das freute alle sehr, und besonders die Familie Serbe, die ein über das andere Mal in die Hände klatscht und sagt, es kommt ihr so ungeheuer lustig und originell vor, wie da mit einem Schlage aus dem Souper ein Picknick geworden sei.

Und heiterer Laune essen sie sämtliche Würste auf bis zu

Ende.

Der Albino

I

„Sechzig Minuten noch — bis Mitternacht," sagte „Ariost" und nahm die dünne holländische Tonpfeife aus dem Mund.

„Der dort" — und er wies auf ein dunkles Porträt an der rauchgebräunten Wand, dessen Züge kaum mehr kenntlich waren — „der dort wurde Großmeister gerade vor hundert Jahren weniger sechzig Minuten."

„Und wann zerfiel unser Orden? — Ich meine, wann sanken wir zu Zechbrüdern herab, wie wirs jetzt sind, Ariost?" fragte eine Stimme aus dem dichten Tabakqualm heraus, der den kleinen altertümlichen Saal erfüllte.

Ariost flocht die Finger durch seinen langen weißen Bart, fuhr wie zögernd über die Spitzenhalskrause an seinem samtnen Talar: — — „Es wird in den letzten Dezennien gewesen sein — — — vielleicht — kam es auch nach und nach."

„Du hast da eine Wunde in seinem Herzen berührt, Fortunat," flüsterte „Baal Schem", der Arche-Zensor des Ordens im Ornate der mittelalterlichen Rabbiner, und trat aus dem Dunkel einer Fensternische an den Frager heran zum Tisch. — „Sprich von etwas anderem!"

Und laut fuhr er fort: „Wie hieß denn dieser Großmeister im profanen Leben?"

„Graf Ferdinand Paradies," antwortete rasch jemand neben Ariost, verständnisvoll auf das Thema eingehend, „ja, illustre Namen waren das damaliger Zeit — und früher noch. Die Grafen Spork, Norbert Wrbna, Wenzel Kaiserstein, der Dichter Ferdinand van der Roxas! — Sie alle zelebrierten das ‚Ghonsla' — den Logenritus der ‚asiatischen Brüder' im alten Angelusgarten, wo jetzt die Hauptpost steht. Vom Geiste Petrarcas umweht und Cola Rienzos, die auch unsre ‚Brüder' waren."

So ist es. Im Angelusgarten! Nach Angelus de Florentia benannt, Kaiser Karls IV. Leibarzt, bei dem Rienzo Asyl fand bis zu seiner Auslieferung an den Papst," fiel eifrig der „Skribe" Ismael Gneiting ein.

„Wißt ihr aber auch, daß von den ‚Sat-Bhais', den alten asiatischen Brüdern, sogar Prag und — und — und Allahabad, kurz alle jene Städte, deren Name soviel wie ‚die Schwelle' bedeutet, begründet wurden?! Gott im Himmel, welche Taten, welche Taten!

Und alles, alles verraucht, verflogen.

Wie sagt doch Buddha: ‚Im Luftraum bleibet keine Spur'. — Das waren unsere Vorfahren! Wir aber Saufbrüder!! — Saufbrüder!! hip hip hurra; — es ist zum Lachen."

Baal Schem machte dem Sprecher Zeichen, er möge doch schweigen. — Der aber verstand ihn nicht und redete weiter, bis Ariost sein Weinglas heftig zurückstieß und das Zimmer verließ.

„Du hast ihn verletzt," sagte Bal Schem ernst zu Ismael Gneiting, „seine Jahre schon hätten dir Rücksicht gebieten sollen."

„Ah bah," murrte dieser, „habe ich ihn denn kränken wollen! Und wenn auch!

Übrigens wird er ja zurückkommen.

In einer Stunde beginnt die hundertjährige Feier, der er doch beiwohnen muß."

„Immer ein Mißton, wie ärgerlich," meinte einer der Jüngeren, „hat es sich doch so gemütlich getrunken."

Verstimmung lag über der Tafelrunde.

Stumm saßen alle um den halbkreisförmigen Tisch und sogen an ihren weißen holländischen Pfeifen.

In den mittelalterlichen Ordensmänteln, behangen mit kabbalistischen Zieraten sahen sie wie eine spukhafte Versammlung seltsam und unwirklich aus in dem trüben Lichte der Öllampen, das kaum bis in die Ecken des Zimmers und hin zu den vorhanglosen gotischen Fenstern drang.

„Werde ihn besänftigen gehen, den Alten," sagte endlich „Corvinus", ein junger Musiker — und ging hinaus.

Fortunat neigte sich zum Arche-Zensor: „Corvinus hat Einfluß auf ihn? — Corvinus?!"

Baal Schem brummte etwas in den Bart: — Corvinus sei mit Beatrix, Ariosts Nichte, verlobt.

Wieder nahm Ismael Gneiting die Rede auf und sprach von den vergessenen Glaubenssätzen des Ordens, der zurückreiche bis in die graue Vorzeit, wo die Dämonen der Sphären noch die Vorfahren des Menschen gelehrt.

Von den schweren düsteren Prophezeiungen, die alle, alle mit der Zeit ihre Erfüllung gefunden hätten, Buchstabe um Buchstabe, Satz für Satz, daß es einen verzweifeln lasse an der Willensfreiheit der Lebenden; — und von dem „versiegelten Briefe von Prag", der letzten echten Reliquie, die heute noch der Orden besitze. „Kurios! Wer ihn vorwitzig öffnen wolle, diesen ‚sealed letter from Prague', ehe die Zeit erfüllet sei, der — — — wie heißt es doch im Original, ‚Lord Kelwyn'?" wandte Ismael Gneiting fragend seinen Blick zu einem uralten Bruder, der zusammengesunken und unbeweglich gegenüber in einem geschnitzten und vergoldeten Lehnstuhl saß. „Der verderbet, ehe er beginnt! Sein Angesicht wird die Finsternis verschlingen und nicht mehr herausgeben." — — — — —?

„Die Hand des Schicksals wird seine Züge verbergen im Reiche der Form bis zum Jüngsten Tag," ergänzte langsam der Greis, bei jedem Worte mit dem kahlen Kopfe nickend, als wolle er den Silben besondere Kraft verleihen — „und wird sein Gesicht austilgen aus der Welt der Umrisse. Unsichtbar wird sein Antlitz werden: unsichtbar für alle Zeit! Verschlossen gleich dem Kern in der Nuß — — — —, gleich dem Kern in der Nuß."

— Gleich dem Kern in der Nuß! — die Brüder in der Runde sahen sich erstaunt an.

Gleich dem Kern in der Nuß! — seltsames, unverständliches Gleichnis!

— — — — — — — — — — —

Da ging die Türe auf, und Ariost trat ein.

Hinter ihm der junge Corvinus.

Der zwinkerte den Freunden fröhlich zu, als wolle er sagen, alles sei wieder in Ordnung mit dem Alten.

„Frische Luft! Lassen wir frische Luft ein," sagte jemand und ging zu den Fenstern und öffnete eins.

Viele standen auf und schoben ihre Sessel zurück, hinauszusehen in die Vollmondnacht, wie die Mondesstrahlen opalgrün auf dem buckligen Pflaster des Altstätter Rings glänzten.

Fortunat wies auf den blauschwarzen Schlagschatten, der von der Teinkirche über das Haus hinweg auf den alten menschenleeren Platz fiel und ihn in zwei Hälften zerschnitt: „Die riesige Schattenfaust da unten mit den zwei vorgestreckten Spitzen — die mit Zeige- und Merkurfinger nach Westen deutet, ist sie nicht wie das uralte Abwehrzeichen gegen den bösen Blick?"

— — — — — — — — — —

— — — — — — — — — — —

In den Saal kam der Diener und brachte neue Chiantiflaschen — mit langen Hälsen — wie rote Flamingos — — — —

Um Corvinus hatten sich in einer Ecke seine jüngeren Freunde geschart und erzählten ihm halblaut und lachend von dem „versiegelten Briefe von Prag" und der verrückten Prophezeihung, die sich an ihn knüpfe.

Aufmerksam hörte Corvinus zu, dann blitzte es übermütig in seinen Augen auf wie ein lustiger Einfall.

Und in hastigem Flüsterton machte er seinen Freunden einen Vorschlag, den sie mit Jubel begrüßten.

So ausgelassen wurde ein paar von ihnen, so ausgelassen, daß sie auf einem Bein tanzten und sich vor Tollheit kaum mehr zu halten wußten. — — —
— — — — — — — — — — —
— — — — — — — — — — —
— — — — — — — — — — —

Die Alten waren allein.

Corvinus hatte sich mit seinen Kumpanen in großer Eile auf eine halbe Stunde beurlaubt; er müsse sich bei einem Bildhauer das Gesicht in Gips abgießen lassen, um ein spaßiges Vorhaben, wie er sagte, noch rasch vor Mitternacht, ehe die große Feier beginne, auszuführen. — — — — —

— — — „Närrische Jugend," murmelte Lord Kelwyn. — — —

„Das muß wohl ein seltsamer Bildhauer sein, der so spät noch arbeitet," sagte jemand halblaut.

Baal Schem spielte mit seinem Siegelring: „Ein Fremder, Iranak-Essak heißt er, sie sprachen vorhin von ihm. Er soll nur in der Nacht arbeiten und bei Tage schlafen; — er ist ein Albino und verträgt kein Licht."

— — „Arbeitet nur in der Nacht?" wiederholte zerstreut Ariost, der das Wort Albino überhört hatte. — — Dann blieben alle stumm eine lange Zeit.

„Ich bin froh, daß sie fort sind — die Jungen" — brach endlich Ariost gequält das Schweigen.

„Wir zwölf Alten sind so wie die Trümmer aus jener vergangenen Zeit, und wir sollten zusammenhalten. — Vielleicht treibt dann unser Orden nochmals ein frisches grünes Reis. — — — — —

Ja! — Ja, ich trage die Hauptschuld am Zerfall."

Stockend fuhr er fort: „ich möchte euch gerne eine lange Geschichte erzählen; — und mein Herz ausschütten, bevor sie zurückkommen — die andern, — und ehe das neue Jahrhundert einzieht."

Lord Kelwyn in dem Thronsessel sah auf und machte eine Bewegung mit der Hand, und die übrigen nickten zustimmend.

Ariost sprach weiter: „Ich muß es kurz machen, sollen meine Kräfte ausreichen bis zum Ende. Hört also.

„Vor dreißig Jahren, ihr wißt, war Doktor Kassekanari Großmeister und ich sein erster Arche-Zensor.

Das Steuer des Ordens lag nur in unserer Hand. — Doktor Kassekanari war Physiolog — ein großer Gelehrter. Seine Vorfahren stammten aus Trinidad — ich denke von Negern — daher wohl seine grauenhafte exotische Häßlichkeit! Doch das wißt ihr alle noch.

Wir sind Freunde gewesen; — wie aber heißes Blut auch die festesten Dämme niederreißt, so — —. Kurz, ich betrog ihn mit seiner Frau Beatrix, die schön war wie die Sonne und die wir beide liebten über alle Maßen. — —

Ein Verbrechen unter Ordensbrüdern!!

— — — Zwei Knaben hatte Beatrix, und einer von ihnen — Pasqual — war mein Kind.

Kassekanari entdeckte die Untreue seiner Gattin, ordnete seine Angelegenheiten und verließ Prag mit den beiden kleinen Kindern, ohne daß ich es hätte verhindern können.

Zu mir hat er kein Wort mehr gesprochen, mich nicht einmal mehr angeblickt.

Wie er sich aber an uns rächte, das war entsetzlich. Daß ich heute noch nicht fasse, wie ich es überleben konnte.

Einen Augenblick lang schwieg Ariost und starrte

wie geistesabwesend an die gegenüberliegende Wand: Dann fuhr er fort:

„Nur ein Hirn, das die finstere Phantasie eines Wilden mit der durchdringenden Verstandesschärfe des Gelehrten, des tiefsinnigsten Kenners menschlicher Seelenvorgänge, verband wie das seine, konnte den Plan ersinnen, der Beatrix das Herz im Leibe verbrannte, mir arglistig den freien Willen stahl und mich langsam hineinzwang in die Mitschuld an einem Verbrechen, das grauenvoller kaum gedacht werden kann.

Meiner armen Beatrix erbarmte sich wohl bald der Wahnsinn, und ich segne die Stunde ihrer Erlösung. — — — —

Des Sprechers Hände schlugen wie im Fieber und verschütteten den Wein, den er zur Stärkung zum Munde führen wollte.

„Weiter! Nicht lange war Kassekanari fort, da kam ein Brief von ihm mit einer Adresse, die alle ‚wichtigen Nachrichten', wie er sich ausdrückte — an ihn befördern werde — wo immer er sich auch aufhalten möge.

Und gleich darauf schrieb er, nach langem Grübeln sei er zur Überzeugung gekommen, der kleine Manuel sei mein Kind, der jüngere Pasqual dagegen zweifellos das seinige.

Während es in Wirklichkeit sich gerade umgekehrt verhielt. —

Aus seinen Worten klang eine dunkle Rachedrohung, und ich konnte mich einer leisen Regung selbstsüchtiger Beruhigung nicht erwehren, meinen kleinen Sohn Pasqual, den ich anders ja nicht zu schützen vermochte, infolge dieser Verwechslung gegen Haß und Verfolgung gefeit zu wissen.

So schwieg ich denn und tat unbewußt den ersten Schritt jenem Abgrunde zu, aus dem es kein Entrinnen mehr gab.

Viel, viel später erschien es mir wie Arglist, — — als habe Kassekanari mich an eine Verwechslung nur glauben lassen, um mir die unerhörtesten Seelenqualen aufzubürden.

Langsam zog das Ungeheuer die Schraube zu.

In regelmäßigen Intervallen, mit der Pünktlichkeit eines Uhrwerks trafen mich seine Berichte über gewisse physiologische und vivisektorische Experimente, die er, — ‚um fremde Schuld zu sühnen und zum Wohle der Wissenschaft' — an dem kleinen Manuel — der ja nicht *sein* Kind sei, ‚wie ich doch stillschweigend zugegeben' — vornehme, — wie an einem Wesen vornehme, das seinem Herzen ferner stehe als ein beliebiges Versuchstier.

Und Photographien, die beilagen, bestätigen die entsetzliche Wahrheit seiner Worte. — Wenn solch ein Brief ankam und verschlossen vor mir lag, da glaubte ich, ich müsse meine Hände in lodernde Flammen strecken, um die furchtbare Folter zu übertäuben, die mich bei dem Gedanken zerriß, wieder von neuen gesteigerten Schrecknissen erfahren zu müssen.

Nur die Hoffnung, endlich, endlich doch den wahren Aufenthalt Kassekanaris entdecken und das arme Opfer befreien zu können, hielt mich vom Selbstmord zurück.

Stundenlang lag ich auf den Knieen, Gott anflehend, mich die Kraft finden zu lassen, den Brief ungelesen zu vernichten.

Aber niemals fand ich die Kraft dazu.

Immer wieder habe ich die Briefe geöffnet, und immer wieder bin ich in Ohnmacht zusammengebrochen. Kläre ich ihn auf über seinen Irrtum, sagte ich mir vor, so fällt wohl sein Haß auf meinen Sohn, der andere aber — der Unschuldige — ist erlöst!

Und ich griff zur Feder, um alles zu schreiben, zu beweisen.

Doch der Mut verließ mich — ich konnte nicht wollen und wollte nicht können und wurde so zum Missetäter an dem armen kleinen Manuel, — der doch auch Beatrix' Kind war, — — — indem ich schwieg.

Das Fürchterlichste jedoch in allen meinen Qualen war das gleichzeitige grauenvolle Emporzüngeln eines fremden, finstern Einflusses in mir, über den ich keine Gewalt hatte, der sich in mein Herz schlich, — leise und unwiderstehlich — eine Art haßerfüllter Befriedigung, daß es sein eigenes Fleisch und Blut sei — gegen das das Ungeheuer raste."

Die Logenbrüder waren aufgesprungen und starrten Ariost an, der sich in seinem Sessel kaum aufrecht erhielt und die Sätze mehr flüsterte als sprach.

„Jahrelang hat er Manuel gefoltert —, ihm Martern zugefügt, deren Schilderung ich nicht über die Lippen bringe — hat ihn gefoltert und gefoltert, bis ihm der Tod das Messer aus der Hand schlug, — hat Bluttransfusionen von weißen entarteten Tieren und solchen, die das Tageslicht scheuen, an ihm vollzogen, — ihm die Gehirnteilchen exstirpiert, die nach seinen Theorien die guten und milden Regungen im Menschen erwecken, — und ihn dadurch zu dem gemacht, was er einen ‚seelisch Gestorbenen' nannte. Und mit der Ertönung aller menschlichen Regungen des Herzens, aller Keime des Mitleids, der Liebe, des Erbarmens, trat bei dem armen Opfer genau wie Kassekanari in einem Briefe vorausgesagt, auch die körperliche Degeneration ein, jenes grausige Phänomen, das die afrikanischen Völker den ‚echten, weißen Neger' nennen. — — — — —

Nach langen, langen Jahren verzweiflungsvollen Forschens und Suchens — die Verhältnisse des Ordens und meine eigenen ließ ich achtlos ihrer Wege treiben — gelang es mir endlich (Manuel war und blieb spurlos verschwunden) meinen Sohn — als Erwachsenen aufzufinden.

Aber ein letzter Schlag traf mich dabei: Mein Sohn nannte sich Emanuel Kassekanari — — —!

Derselbe Bruder ‚Corvinus', den ihr ja alle in unsrem Orden kennt.

Emanuel Kassekanari.

Und er behauptet unerschütterlich, niemals mit dem Vornamen Pasqual genannt worden zu sein.

Seitdem verfolgt mich der Gedanke, daß der Alte mich belogen und Pasqual und nicht Manuel verstümmelt haben könnte, — daß also doch mein Kind zum Opfer gefallen ist. — Die Photographien damals zeigten die Gesichtszüge so undeutlich, und im Leben sahen die Kinder einander zum Verwechseln ähnlich. —

Doch das darf, das darf, das darf ja nicht sein, — das Verbrechen, all die ewiglange Gewissenspein umsonst! — „Nicht wahr?" schrie plötzlich Ariost wie ein Wahnsinniger auf; — „nicht wahr, sagt Brüder, nicht wahr, ‚Corvinus' ist mein Sohn, mir wie aus den Augen geschnitten!"

Die Brüder sahen scheu zu Boden und brachten die Lüge nicht über die Lippen.

Nickten nur stumm.

Ariost sprach leise zu Ende:

„Und manchmal in schreckhaften Träumen, da fühle ich mein Kind verfolgt von einem scheußlichen weißhaarigen Krüppel mit rötlichen Augen, der — lichtscheu — im Zwielicht haßerfüllt auf ihn lauert: Manuel, der verschwundene Manuel, — der — der grauenhafte — — ‚weiße Neger'."

Keiner der Logenbrüder konnte ein Wort hervorbringen.

— — Totenstille. — —

Da, — als ob Ariost die stumme Frage gefühlt hätte — sagte er halblaut, wie erklärend vor sich hin: „Ein seelisch Gestorbener! — Der weiße Neger — — — ein echter

Albino."

— Albino? — — Baal Schem taumelte an die Wand.

„Barmherziger Gott, der Bildhauer! — Der Albino Iranak-Essak!"

— — — — — — — — — — — —

II

„Kriegstrompeten erschallen — weit durch Morgenrot"

sang Corvinus das Turniersignal aus „Robert der Teufel" vor dem Fenster seiner Braut Beatrix, — Ariosts blonder Nichte, — und seine Freunde pfiffen unisono die Melodie.

Gleich darauf flogen die Scheiben auf und ein junges Mädchen im weißen Ballkleid sah in den altertümlichen, in Mondlicht flimmernden „Teinhof" hinab und fragte lachend, ob denn die Herren das Haus zu stürmen gedächten.

„Ah, du gehst auf Bälle, Trixie, — und ohne mich?" rief Corvinus hinauf, „und wir fürchteten, du schliefest schon längst!"

„Da siehst du, wie ich mich ohne dich langweile, daß ich schon vor Mitternacht zu Hause bin!

Was willst du denn nur mit deinen Signalen; ist etwas los?" fragte Beatrix zurück.

„Was los ist? — Wir haben eine gro—o—oße Bitte an dich. Weißt du nicht, wo Papa den ‚versiegelten Brief von Prag' liegen hat?"

Beatrix legte beide Hände an die Ohren: „Den versiegelten — was?"

„Den versiegelten Brief von Prag — die olle Reliquie" — schrien alle durcheinander.

„Ich verstehe doch kein Wort, wenn Sie so brüllen, Messieurs" — und Trixie zog das Fenster zu, „aber warten Sie, gleich bin ich unten, — ich suche nur den Hausschlüssel und schleiche mich an der braven Gouvernante vorbei."

Und in wenigen Minuten war sie vor dem Tore.

„Reizend, entzückend, — so im weißen Ballkleid, im grünen Mondschein," die jungen Herren umdrängten sie, ihr die Hand zu küssen.

„Im grünen Ballkleid, — im weißen Mondschein," — Beatrix knixte kokett und verbarg abwehrend ihre winzigen Hände in einem riesigen Muff, — „und mitten unter lauter ganz schwarzen Femrichtern!

3*

Nein, muß so ein ehrwürdiger Orden etwas Verrücktes sein!"

Und neugierig musterte sie die langen feierlichen Gewänder der Herren mit den unheimlichen Kapuzen und den goldgestickten kabbalistischen Zeichen.

„Wir sind so Hals über Kopf davongelaufen, daß wir uns gar nicht umkleiden konnten, Trixie," entschuldigte sich Corvinus und ordnete zärtlich ihr seidenes Spitzentuch.

Dann erzählte er ihr in fliegenden Worten von der Reliquie, „dem versiegelten Brief von Prag", der verrückten Prophezeiung und daß sie einen prächtigen Mitternachtsspaß ersonnen hätten.

Nämlich zu dem Bildhauer Iranak-Essak zu laufen, einem höchst kuriosen Kerl, — der in der Nacht arbeite, weil er ein Albino sei, übrigens aber eine wertvolle Erfindung gemacht habe: — eine Gipsmasse, die sofort an der Luft hart und unverwüstlich werde wie Granit. Und dieser Albino solle ihm nun rasch einen Gesichts-Abguß verfertigen — —

„Dieses Konterfei nehmen wir dann mit, wissen Sie, mein Fräulein," fiel Fortunat ein, „nehmen ferner den ‚geheimnisvollen Brief', den Sie uns gütigst im Archiv aufstöbern und ebenso gütig herabwerfen wollen. Wir öffnen ihn natürlich sofort, um den Blödsinn, der darin steht, zu lesen, und begeben uns dann ‚verstört' in die Loge.

Natürlich wird man uns bald nach Corvinus fragen, und wo er denn stecke. Da wollen wir laut weinend die entweihte Reliquie zeigen und gestehen, er habe sie aufgemacht, und plötzlich sei unter Schwefelgestank der Teufel erschienen, und habe ihn beim Kragen genommen und in die Luft entführt; Corvinus aber, der das vorausgesehen, habe sich vorher noch schnell in Iranak-Essaks unzerstörbarem Gipsstein abgießen lassen, zur Sicherheit! Um die schauerlich-schöne Prophezeiung ‚vom gänzlichen Verschwinden aus dem Reiche der Umrisse' ad absurdum zu führen. Und hier sei nun diese Büste, und wer sich als etwas Besonderes dünke, ob einer der alten Herren, oder alle zusammen, oder die Adepten, die den Orden gegründet, vielleicht der liebe Gott selber, — der trete vor und zerstöre das Steinbild — — wenn er könne. Übrigens lasse Bruder Corvinus alle recht herzlich grüßen, und in längstens zehn Minuten werde er aus dem Hades zurück sein."

„Weißt du, Schatz, das hat noch das Gute," unterbrach Corvinus, „daß wir damit den letzten Ordensaberglauben entwurzeln, die öde Zentenarfeier abkürzen und um so schneller dann zum fröhlichen Gelage kommen.

Aber jetzt Adieu und gute Nacht, denn: eins, zwei, drei, im Sauseschritt — läuft die Zeit — — —"

„Wir laufen mit," ergänzte jauchzend Beatrix und hängte sich in ihres Bräutigams Arm, — „ist's weit von hier zu Iranak-Essak — — — heißt er nicht so? Und wird ihn auch ganz gewiß nicht der Schlag treffen, wenn wir in solchem Aufzug bei ihm einbrechen?!"

„Wahre Künstler trifft nie der Schlag," — schwur Saturnilus, einer der Herren. — „Brüder! ein Hurra, Hurra, für das mutige Fräulein!"

Und vorwärts ging's im Galopp.

Über den Teinhof, durch mittelalterliche Torbogen, krumme Gassen, um geschweifte Ecken herum und an barocken verwitterten Palästen vorbei.

Dann machte man halt.

„Hier wohnt er, Nummer 33," sagte Saturnilus, atemlos — „Nummer 33, nicht wahr, ‚Ritter Kadosh'? Schau du hinauf, du hast bessere Augen."

Und schon wollte er läuten, da öffnete sich plötzlich das Haustor nach innen, und gleich darauf hörte man eine scharfe Stimme Worte in Niggerenglisch die Treppen hinaufkreischen. Corvinus schüttelte erstaunt den Kopf: „The gentlemen already here?! — Die Gentlemen *bereits* hier, — das ist ja, als hätte man schon auf uns gewartet!!

Vorwärts also, aber Vorsicht, es ist stockdunkel hier; Licht haben wir nicht, in unseren Kostümen fehlen schlauerweise die Taschen und mit diesen daher auch die so beliebten Schwefelhölzer."

Schritt für Schritt tappte die kleine Gesellschaft vorwärts — Saturnilus voran, hinter ihm Beatrix, dann Corvinus und die andern jungen Herren: Ritter Cadosh, Hieronymus, Fortunat, Pherekydes, Kama und Hilarion Termaximus.

Enge gewundene Treppen empor nach links und nach rechts, der Kreuz und der Quer.

Durch offene Wohnungstüren und leere, fensterlose Zimmer tasteten sie sich, immer der Stimme folgend, die unsichtbar und anscheinend ziemlich weit entfernt vor ihnen herging und ihnen kurz die Richtung wies.

Endlich landeten sie in einem Raum, in dem sie wohl warten sollten, denn die Stimme war verstummt und niemand antwortete mehr auf ihre Fragen.

Nichts regte sich.

— — — — — — — — — — —

„Es scheint ein uraltes Gebäude zu sein, mit vielen Ausgängen, wie ein Fuchsbau, — eines jener seltsamen Labyrinthe, wie sie noch aus dem 17. Jahrhundert her in diesem Stadtviertel stehen," sagte endlich halblaut Fortunat, „und das Fenster dort geht wohl auf einem Hof, daß so gar kein Schein hereinfällt!? — Kaum daß sich das Fensterkreuz etwas dunkler abhebt — "

„Ich denke, eine hohe Mauer dicht vor den Scheiben nimmt alles Licht" — antwortete Saturnilus — „finster ist es hier, — nicht die Hand sieht man vor Augen. Nur der Fußboden ist etwas heller. Nicht?"

Beatrix klammerte sich an den Arm ihres Verlobten. „Ich fürchte mich unsagbar in dieser grauenhaften Dunkelheit hier. — Warum bringt man kein Licht — "

„Sst, sst, ruhig alle," flüsterte Corvinus, „sst! Hört ihr denn nichts!? — Es nähert sich leise irgend etwas. Oder ist es schon im Zimmer?"

— — — „Dort! Dort steht jemand," fuhr plötzlich Pherekydes auf, „dahier, — kaum zehn Schritte vor mir, — ich sehe es jetzt ganz genau.

Heda, Sie!" — rief er überlaut und man hörte seine Stimme beben vor verhaltener Furcht und Erregung. — — —

— „Ich bin der Bildhauer Pasqual Iranak-Essak," sagte jemand mit einer Stimme, die nicht heiser klang und doch seltsam aphonisch war.

„Sie wollen sich den Kopf abgießen lassen! — Schätze ich!"

„Nicht ich, hier unser Freud Kassekanari, Musiker und Komponist," machte Pherekydes den Versuch, in der Dunkelheit Corvinus vorzustellen.

Ein paar Sekunden Stille.

„Ich kann Sie nicht sehen, Herr Iranak-Essak, wo stehen Sie?" fragte Corvinus.

„Ist's Ihnen nicht hell genug?" antwortete spöttisch der Albino. „Machen Sie beherzt ein paar Schritte nach links — es ist hier eine offene Tapetentüre, durch die Sie müssen —, sehen Sie, ich komme Ihnen schon entgegen."

Es schien, als schwebte bei den letzten Worten die klanglose Stimme näher heran, und plötzlich glaubten die Freunde einen weißlichgrauen verschwommenen Dunst an der Wand schimmern zu sehen, — die undeutlichen Umrisse eines Menschen.

„Geh nicht, geh nicht, um Christi willen, wenn du mich lieb hast, gehst du nicht," — flüsterte Beatrix und wollte Corvinus zurückhalten. Dieser wand sich leise los: „Aber Trixie, ich kann mich doch nicht so blamieren, er denkt gewiß schon, wir fürchten uns alle."

Und entschlossen ging er auf die weißliche Masse zu; um mit ihr im nächsten Augenblick hinter der Tapetentür in der Finsternis — zu verschwinden.

— Beatrix jammerte angsterfüllt vor sich hin, und die Herren versuchten alles mögliche, ihr Mut einzuflößen.

„Seien Sie doch ganz unbesorgt, liebes Fräulein," tröstete Saturnilus, „es geschieht ihm nichts.

Und wenn Sie das Abgießen sehen könnten, würde es Sie sehr interessieren und unterhalten. Zuerst, wissen Sie, kommt gefettetes Seidenpapier auf Haare, Wimpern und Augenbrauen. — Öl aufs Gesicht, damit nichts haften bleibt, — und dann drückt man, auf dem Rücken liegend, den Hinterkopf bis an die Ohrränder in eine Schüssel mit nassem Gips. Ist die Masse hart geworden, wird auf das noch freiliegende Gesicht — etwa eine Faust stark — wiederum nasser Gips gegossen, so daß das ganze Haupt wie in einen großen Klumpen eingehüllt erscheint. Nach dem Erhärten werden die Verbindungsstellen aufgemeißelt und so ergibt sich die Hohlform für die prächtigsten Abgüsse und Konterfeis."

„Da muß man doch unfehlbar ersticken," jammerte das junge Mädchen.

Saturnilus lachte: „Natürlich, — wenn man nicht zum Atmen Strohhalme in Mund und Nasenlöcher gesteckt bekäme, die aus dem Gips herausragen, — so müßte man ersticken."

Und um Beatrix zu beruhigen, rief er laut ins Nebenzimmer:

„Meister Iranak-Essak, dauert's lange und wird es weh tun?"

Einen Augenblick herrschte tiefe Stille, dann hörte man die klanglose Stimme von ferne antworten, — wie aus einem dritten, vierten Zimmer herüber oder wie durch dicke Tücher hindurch:

„Mir tut's gewiß nicht weh! Und Herr Corvinus wird sich wohl kaum beklagen, — — he, he. Und lange dauern?! Manchmal dauert's bis zu zwei und drei Minuten."

Etwas so unerklärlich Erregendes, ein so unbeschreiblich boshaftes Frohlocken lag in diesen Worten und der Betonung, mit der sie der Albino sprach, daß es wie ein erstarrendes Schrecken auf die Zuhörer fiel.

Pherekydes krampfte seines Nebenmannes Arm. „Seltsam, wie der redet! Hast du es gehört? — ich halte es nicht länger mehr aus vor wahnsinnigem

Angstgefühl. Woher kennt er denn plötzlich Kassekanaris Logennamen ‚Corvinus'? Und gleich anfangs wußte er, weshalb wir gekommen sind?!! Nein, nein; — ich muß hinein. Ich muß wissen, was da drinnen vorgeht."

In diesem Augenblick schrie Beatrix auf. „Da, — da oben, da oben, — was sind das für weiße scheibenförmige Flecke dort, — an der Wand! —"

„Gipsrosetten, nur weiße Gipsrosetten," wollte sie Saturnilus beruhigen, „ich habe sie auch schon gesehen, es ist viel heller jetzt — und unsere Augen sind besser an die Dunkelheit gewöhnt — —"

da schnitt ihm eine heftige Erschütterung, die durch das Haus lief wie der Fall eines schweren Gewichtes, — das Wort ab.

Die Wände zitterten und die weißen Scheiben fielen herab mit klingendem Schall wie von glasiertem Ton, rollten einen Schritt weit und lagen still.

Gipsabgüsse verzerrter menschlicher Gesichter und Totenmasken.

Lagen still und grinsten mit leeren weißen Augen zur Decke empor.

Aus dem Atelier drang ein wilder Lärm herüber Poltern, Fallen von Tischen und Stühlen.

Dröhnen — —.

Ein Krachen, wie von splitternden Türen, als schlüge ein Rasender um sich im Todeskampf und bahne sich verzweifelt einen Weg ins Freie.

Ein stampfendes Laufen, dann ein Anprall — — und im nächsten Augenblick brach ein heller unförmlicher Steinklumpen durch die dünne Stoffwand — Corvinus' umgipster Kopf! — Und leuchtete — mühsam sich bewegend — weiß und gespenstisch aus dem Zwielicht. Körper und Schultern aufgehalten von den kreuzweise stehenden Latten und Sparren.

Mit einem Ruck hatten Fortunat, Saturnilus und Pherekydes die Tapetentüre eingedrückt, um Corvinus beizuspringen: doch kein Verfolger war zu sehen.

Corvinus, in der Wand eingekeilt bis zur Brust, wand sich in Konvulsionen.

Im Todeskrampf bohrten sich seine Nägel in die Hände seiner Freunde, die, fast von Sinnen vor Entsetzen, ihm beistehen wollten.

„Werkzeuge! Eisen!“ heulte Fortunat, „holt Eisenstangen, schlagt den Gips entzwei, — er erstickt! Das Scheusal hat ihm die Halme zum Atmen herausgezogen — — — und den Mund vergipst!“

Wie rasend stürzten viele umher, Rettung zu bringen, Sesselstücke, Latten, was sich in der blinden Eile fand, zerbrach an der Steinmasse.

Umsonst!

Eher wäre ein Granitblock zersplittert.

Andere stürmten durch die finsteren Räume und schrien und suchten vergebens nach dem Albino, zertrümmerten, was in den Weg kam; verfluchten seinen Namen; fielen in der Dunkelheit zu Boden, und schlugen sich wund und blutig.

— — — — — — — — — — —

— — — — — — — — — — —

— — — — Corvinus' Körper regte sich nicht mehr.

Wortlos und verzweifelt umstanden ihn die „Brüder“.

Beatrix' herzzerreißendes Schreien gellte durch das Haus und weckte ein grausiges Echo, und ihre Finger riß sie blutig an dem Stein, der das Haupt ihres Geliebten umschloß.

— — — — — — — — — — —

Lang, lang war Mitternacht vorüber, da erst hatten sie den Weg ins Freie gefunden aus dem finsteren, unheimlichen Labyrinthe und trugen gebrochen und stumm durch die Nacht die Leiche mit dem steinernen Kopf.

Kein Stahl, kein Meißel hatte vermocht, die grausame Hülle zu sprengen, und so hat man Corvinus begraben im Ornate des Ordens:

„unsichtbar das Antlitz und verschlossen
gleich dem Kern in der Nuß.“

Das — allerdings

Mein lieber Freund Wärndorfer!

Leider traf ich Sie nicht zu Hause, konnte Sie auch anderwärts nirgends finden und muß Sie daher schriftlich bitten, sich doch heute abends mit Zavrel und Doktor Rolof bei mir einzufinden.

Denken Sie nur, der berühmte Philosoph Professor Arjuna Zizerlweis aus Schweden (Sie haben doch von ihm gelesen?) hat gestern mit mir eine Stunde lang im Vereine „Lotos" über spiritistische Phänomene debattiert, und ich habe ihn für heute eingeladen — und er kommt. — —

Er ist begierig, Sie alle kennen zu lernen, und ich denke, wenn wir ihn gehörig ins Kreuzfeuer nehmen, können wir ihn für unsere Sache gewinnen und damit der Menschheit einen vielleicht unschätzbaren Dienst erweisen.

Also, nicht wahr, Sie kommen bestimmt? — (Doktor Rolof soll nicht vergessen, die Photographien mitzubringen.)

In Eile Ihr aufrichtiger
Gustav.

— — — — — — — — — — —

Die fünf Herren hatten sich nach dem Souper in das Rauchzimmer zurückgezogen. — Professor Zizerlweis spielte mit dem Kopf eines Igelfisches, der als Streichholzbecher auf dem Tische stand:

„Was Sie mir da erzählen, Herr Doktor Rolof, klingt ja recht wunderlich und für Laien verblüffend, aber die Umstände, die Sie zum Beweise anführen,

man könne quasi die Zukunft photographieren, sind durchaus nicht zwingend.

Im Gegenteil lassen sie ein viel näher liegende Erklärung zu. — Fassen wir zusammen: — Ihr Freund also, Herr Zavrel, gibt an, er sei ein sogenanntes Medium, — das heißt, seine bloße Nähe reiche bei gewissen Personen hin, um Phänomene ungewöhnlicher Art zu erzeugen, die dem Auge zwar unsichtbar sind, sich jedoch photographisch festhalten lassen.

Sie haben nun, meine Herren, eines Tages einen scheinbar völlig gesunden Menschen photographiert und beim Entwickeln der Platte" — — — — —

„Jawohl, beim Entwickeln der Platte kamen auf dem photographierten Gesicht eine Menge Narben zum Vorschein, die erst zwei Monate später, bitte, zwei Monate, auf der Haut der betreffenden Person als Folge eines durchgemachten Blatternfalles entstanden," — unterbrach Doktor Rolof.

„Gut, gut, Herr Doktor, bitte, lassen Sie mich nur ausreden. — Angenommen nun, es läge wirklich kein Zufall vor — Pardon, meine Herren, ich meine nur — also — — — — kein Zufall vor, wie wollen Sie aus diesen Umständen beweisen, man habe hier — — die Zukunft photographiert?!

Ich sage (übrigens ist Ihr Versuch keineswegs neu), die optische Linse zeichnete nur schärfer, sah einfach mehr als das menschliche Auge, sie sah die Blattern im Keime, dieselben Blattern, die ein bis zwei Monate später erst, wie wir es nennen, zum ‚Ausbruch' kamen, das heißt akut wurden!!" — —

— — — — — — — — — — —

Triumphierend blickte Professor Zizerlweis im Kreise umher, weidete sich einen Moment an der Verblüffung seiner Gegner und begann dann eifrig an seiner halberloschenen Zigarre zu saugen, unter gierigem Schielen ihr Anglimmen belauernd.

„Möglich! — Wie erklären Sie dann aber folgendes, Herr Professor?" nahm jetzt Zavrel das Wort.

„Eines Tages photographieren wir einen jungen Mann; — wir wußten übrigens nichts Näheres über ihn und kannten ihn nur flüchtig — — eine Kaffeehausbekanntschaft — wir wären wohl gar nicht auf die Idee gekommen, mit ihm zu experimentieren, wenn nicht Gustav, eigentlich ohne jeden Anhaltspunkt, — in diesem Fall etwas ganz Besonderes, eine wissenschaftliche Ausbeute in unserem Sinne, gewittert hätte.

Also wir machen die Aufnahme, ‚entwickeln' und auf dem Bilde zeigt sich mitten auf der Stirne ein deutlicher kreisrunder, schwarzer Fleck."

— Eine kurze Pause Stillschweigens.

„Na — und?" fragte der Philosoph.

„Und? — vierzehn Tage später tötete sich der junge Mann — — — durch einen Schuß in die Stirne.

Sehen Sie, hier genau an dieser Stelle, — hier haben Sie beide Photographien, — die da als Leiche und diese vierzehn Tage früher.

Vergleichen Sie selbst!"

Während einiger Minuten versank Professor Zizerlweis in tiefes Nachdenken, und sein Auge wurde glanzlos wie blaues Zuckerpapier.

„Diesmal haben wir's ihm gegeben," flüsterte Wärndorfer und rieb sich die Hände. — Da erwachte der Professor aus seinem Brüten und fragte:

„Hat der junge Mann die photographische Platte mit dem Fleck auf der Stirne je zu Gesicht bekommen? — Ja? — Nun, da liegt die Sache doch ganz einfach: der Mensch trug sich schon damals mit Selbstmordideen. Sie zeigten ihm das Bild, und er, der sehr wohl wußte, daß es sich hier um ein mediumistisches Experiment handle, trug infolgedessen ‚unterbewußt' eine Suggestion davon.

Nicht etwa, daß er sich dessentwegen umgebracht hätte, — nein; aber durch die Stirne schoß er sich, ohne natürlich sich bewußt zu sein, daß die Idee dazu bereits durch den Anblick des Bildes in ihm geboren war.

Hätte er die Platte damals nicht gesehen, würde er vielleicht eine ganz andere Todesart gewählt haben, — Ertränken, Erhängen, Gift oder dergleichen."

— „Und der Fleck, — wie kam der Fleck auf die Platte, Herr Professor?"

„Der Fleck? — wird eben ein Schatten, ein Stäubchen im Objektiv, ein vorbeifliegendes Insekt vielleicht, möglicherweise auch ein Plattenfehler oder etwas dergleichen Grobsinnliches gewesen sein. — — Kurz und gut, mit solchen Beweisen dürfen Sie einem Forscher wie mir nicht kommen, — diese Fälle sind alle nicht zwingend."

Betrübt saßen die Freunde und ließen die Flut der Beredsamkeit des Professors Zizerlweis über sich ergehen, der in seinem Sieg förmlich schwelgte.

„Wenn man dem Kerl nur irgend etwas entgegnen könnte auf seine Hypothesen," raunte der Hausherr Doktor Rolof zu, „schau nur, wie er ekelhaft ist, wenn er so salbadert; — sieht er nicht aus mit seinem kurzen Kinn- und Schnurrbart, als ob ihm ein schwarzes Vorhängschloß unter der Nase hinge? — widerlicher Bursche; — ist vielleicht gar kein Schwede. — Zizerlweis! — Professor Arjuna Zizerlweis!!"

— — „Rede dich nicht in Wut," beruhigte Rolof seinen Freund, — während Wärndorfer sich im Schweiße seines Angesichtes abmühte, dem Professor wenigstens halbwegs anständige Begriffe von Kunst, wenn er schon nicht an Spiritismus glauben wolle, beizubringen —, „reg dich nicht auf, vielleicht — — — — doch, Herrgott, sind wir denn alle verrückt?! — Wir haben doch die Hauptsache noch gar nicht erzählt! — Kinder! — das Bild ohne Kopf!"

„Hurra, das Bild ohne Kopf," riefen alle, „das war doch unser erster und bester Versuch, — Sie Herr Professor, hören Sie" — —

„Laßt mich, mich laßt erzählen!" rief Gustav jubelnd.

„Kennen Sie hier in der Stadt einen gewissen Chiçier, Herr Professor? — Nein?

Das macht übrigens nichts, er ist jetzt Oberleutnant, damals aber war er noch Kommis in einem

Zichoriengeschäft. — Jetzt sind es etwa so sechzehn Jahre her, und wir begannen gerade mit unseren mediumistisch-photographischen Experimenten.

Weiß der Teufel, wie wir gerade auf diesen Kommis, den Chiçier, verfielen — aber kurz und gut, wir hatten ihn aufs Korn genommen und beschlossen, ihn, so sehr er sich auch wehrte — er war schon damals ein Mordsfeigling, — inmitten einer spiritistischen Sitzung bei Magnesiumlicht zu photographieren.

Während der Sitzung selbst war gar nichts vorgefallen, nicht das geringste Phänomen hatte sich gezeigt, — desto seltsamer war das Resultat auf der Platte. — Ich werde dann das Bild heraussuchen, damit Sie sich selbst genau überzeugen können. — Das Negativ ‚kam' rasch in der Hervorruferflüssigkeit, aber — wir waren sprachlos — der Kopf fehlte; — keine Spur davon; — fehlte einfach."

— „Wahrscheinlich" — unterbrach Professor Zizerlweis — — —

„Hören Sie doch nur zu, was jetzt kommt; — wir raten also hin und her, und da wir zu keinem Schlusse gelangen, packen wir die Platte sorgfältig ein und tragen sie am nächsten Tage zu Fuchs — Berufsphotograph, gleich gegenüber . . Obstgasse.

Na, und der wendet denn auch die schärfsten chemischen Entwickler an, um aus dem Negativ noch möglichst viel ‚herauszuholen'.

Und richtig, immer deutlicher und deutlicher zeigen sich im Kreise gerade über dem Hemdkragen des Bildes, dort wo der Kopf hätte sein sollen, dreizehn gleich große Lichtflecken; sehen Sie, so angeordnet: eins — zwei; eins — zwei, vier, vier und eins! genau die typische Anordnung der Himmelskörper im Sternbild des ‚großen Schöpsen'.

Nun, sind Sie jetzt überzeugt, Herr Professor?!

Das Symbol ist doch wohl nicht mißzuverstehen!"

Professor Zizerlweis sah etwas verlegen drein: „Ich verstehe nicht ganz, was soll das mit der Zukunft zu tun haben, die Sie doch behaupten photogr" . . .

— — „Aber, aber, Herr Professor, haben Sie denn nicht begriffen?“ riefen alle durcheinander, „der Mann schlug doch später die Militärkarriere ein, ging zur Infanterie, — ließ sich ‚aktivieren‘, wie man das in Österreich nennt.“

Da ließ der Gelehrte in größter Überraschung seine Zigarre fallen; vor Staunen konnte er kaum ein Wort finden:

„Hm, hm, — das allerdings, das allerdings!“ —

Chimäre

Reifes Sonnenlicht liegt auf den grauen Steinen, — der alte Platz verträumt den stillen Sonntagnachmittag. —

Aneinandergelehnt schlummern die müden Häuser mit den verfallenen Holztreppen und heimlichen Winkeln, — mit den treuen Mahagonimöbeln in den kleinen altmodischen Stuben.

Und warme Sommerluft atmet durch wachsame offene Fensterchen.

Ein Einsamer geht langsam über den Platz zur Kirche des heiligen Thomas, die fromm herabsieht auf das ruhige Bild. Er tritt ein. — Weihrauchduft.

Seufzend fällt die schwere Türe zurück an das Lederpolster.

Verschlungen ist der laute Schein der Welt — grünrosa fließen die Sonnenstrahlen durch schmale Kirchenfenster auf die heiligen Steinquadern. — Hier unten ruhen die Frommen aus vom wechselnden Sein.

Der Einsame atmet die tote Luft. — Gestorben sind die Klänge, andächtig liegt der Dom im Schatten der Töne. — Das Herz wird ruhig und trinkt den dunkeln Weihrauchduft.

Der Fremde blickt auf die Schar der Kirchenbänke, die, weihevoll zum Altar hingebeugt, wie auf ein kommendes Wunder warten.

Er ist einer jener Lebendigen, die das Leid überwunden haben und mit andern Augen tief hineinsehen in eine andere Welt. Er fühlt den geheimnisvollen Atem der Dinge: Das verborgene lautlose Leben der Dämmerung.

Die verleugneten, heimlichen Gedanken, die hier geboren wurden, ziehen unstet — suchend — durch den Raum. Wesen ohne Blut, ohne Freude und Weh — wachsbleich, wie die kranken Gewächse der Dunkelheit.

Verschwiegen schwingen die roten Ampeln — feierlich — an langen geduldigen Stricken; — der Luftzug von den Flügeln der goldenen Erzengel bewegt sie. —

— Da. Ein leises Scharren unter den Bänken. — Es huscht zum Betstuhl und versteckt sich.

Jetzt kommt es um die Säule geschlichen:

Eine bläuliche Menschenhand!

Auf flinken Fingern läuft sie am Boden hin: eine gespenstische Spinne! — Horcht. — Klettert eine Eisenstange empor und verschwindet im Opferstock.

Die silbernen Münzen darin klirren leise.

Träumend ist ihr der Einsame mit den Augen gefolgt, und seine Blicke fallen auf einen alten Mann, der im Schatten eines alten Pfeilers steht. — Die beiden sehen sich ernst an.

„Es gibt viel gierige Hände hier," flüstert der Alte.

Der Einsame nickt.

— — — — — — — — — — —

Aus dem nächtigen Hintergrunde ziehen trübe Gestalten heran. Langsam — sie bewegen sich kaum.

Betschnecken!

Menschenbüsten — Frauenköpfe mit schleiernden Umrissen auf kalten, schlüpfrigen Schneckenleibern — mit Kopftüchern und schwarzen katholischen Augen — saugen sie sich lautlos über die kalten Fliesen.

„Sie leben von den leeren Gebeten," sagt der Alte. „Jeder sieht sie, und doch kennt sie keiner, — wenn sie tagüber bei den Kirchentüren hocken."

Wenn der Priester die Messe liest, schlafen sie in den Flüsterecken.

„Hat sie mein Hiersein im Beten gestört?" fragt der Einsame. —

Der Alte tritt an seine linke Seite: „Wessen Füße

im lebendigen Wasser stehen, der ist selber das Gebet! Wußte ich doch, daß heute einer kommen würde, der *sehen* und *hören* kann!" —

Gelbe Lichtreflexe hüpfen über die Steine, wie Irrlichter.

„Sehen Sie die Goldadern, die sich hier unter den Quadern hinziehen?" Das Gesicht des Alten flackert.

Der Einsame schüttelt den Kopf: „Mein Blick dringt nicht so tief. — Oder meinen Sie es anders?"

Der Alte nimmt ihn an der Hand und führt ihn zum Altar. —

Das Bild des Gekreuzigten ragt stumm.

Schatten bewegen sich leise in den dunkeln Seitenlogen hinter gebauchten kunstvollen Gittern: — Schemen alter Stiftfräulein aus vergessenen Zeiten, die nie mehr wiederkehren, — fremdartig — entsagungsvoll wie Weihrauchduft.

Es rauschen ihre schwarzen seidenen Kleider.

Der Greis deutet zu Boden: „Hier tritt es fast zutage. Einen Fuß tief unter den Fliesen, — lauteres Gold, ein breiter leuchtender Streifen. Die Adern ziehen sich über den alten Platz bis weit unter die Häuser. — Wunderbar, daß die Menschen nicht längst schon darauf gestoßen sind, als sie das Pflaster gelegt haben. — Ich allein weiß es seit vielen Jahren und habe es niemandem gesagt. — Bis heute. — Keiner hatte ein reines Herz —"

Ein Geräusch! —

In dem gläsernen Reliquienschrein ist das silberne Herz herabgefallen, das in der Knochenhand des heiligen Thomas lag. Der Alte hört es nicht. Er ist entrückt. Seine Augen schauen ekstatisch ins Weite mit starrem, geradem Blick: „Die jetzt kommen, sollen nicht mehr betteln gehen. Es soll ein Tempel sein aus schimmerndem Gold. — Der Fährmann holt über — zum letztenmal."

Der Fremde lauscht den prophetischen Worten, die flüsternd in seine Seele dringen, wie feiner, erstickender Staub aus dem heiligen Moder versunkener Jahrtausende.

Hier unter seinen Füßen! Ein blinkendes Zepter gefesselter, schlafender Macht! Es steigt ihm brennend in die Augen: Muß denn auf dem Golde der Fluch sein, läßt er sich nicht bannen durch Menschenliebe und Mitleid? — Wieviel Tausende verhungern! —

Vom Glockenturme tönt die siebente Stunde. Die Luft vibriert.

Die Gedanken des Einsamen fliegen mit dem Schall hinaus in eine Welt voll üppiger Kunst, voll Pracht und Herrlichkeit.

Ihn schaudert. Er sieht den Alten an. — Wie verändert sind die Räume. — Es hallt der Schritt. Die Ecken der Betstühle sind abgestoßen, abgeschürft der Fuß der steinernen Pfeiler. Die weißgestrichenen Statuen der Päpste bedeckt mit Staub.

„Haben Sie das ... das Metall mit körperlichen Augen gesehen — in den Händen gehalten?"

Der Alte nickt. „Im Klostergarten draußen, beim Muttergottesbild unter blühenden Lilien kann man es greifen." — — — Er zieht eine blaue Kapsel hervor: „Hier." Öffnet sie und gibt dem Einsamen ein zackiges Ding.

Die beiden Männer schweigen. — —

— — — — — — — — — — — —

Zur Kirche dringt weit her der Lärm des Lebens: das Volk kehrt heim von den lustigen Wiesen — morgen ist Arbeitstag. —

Die Frauen tragen müde Kinder auf dem Arm.

Der Einsame hat den Gegenstand genommen und schüttelt dem Alten die Hand. — Dann wirft er einen Blick zurück zum Altar. Nochmals umwogt ihn der geheimnisvolle Hauch friedvoller Erkenntnis:

„Vom Herzen gehen die Dinge aus — sind herzgeboren und herzgefügt."

Er schlägt das Kreuz und geht.

Am offnen Türspalt lehnt der müde Tag.

Frischer Abendwind weht herein. —

Über den Markt rasselt ein Leiterwagen, mit Laub bekränzt, voll lachender, fröhlicher Menschen, und in die Bogengänge der alten Häuser fallen die roten Strahlen der sinkenden Sonne.

Der Fremde lehnt an dem steinernen Denkmal inmitten des Platzes und sinnt: Er ruft im Geiste den Vorübergehenden zu, was er soeben erfahren. Er hört, wie das Lachen verstummt. — — — Die Bauten zerstauben, die Kirche stürzt. — — — Ausgerissen, im Staube, die weinenden Lilien des Klostergartens. —

Es wankt die Erde; die Dämonen des Hasses brüllen zum Himmel!

Ein Pochwerk hämmert und dröhnt und stampft den Platz, die Stadt und blutende Menschenherzen zu goldenem Staub. — —

Der Träumer schüttelt den Kopf und sinnt und lauscht der klingenden Stimme des verborgenen Meisters im Herzen:

„Wer eine schlimme Tat nicht scheut und die nicht liebt, die Glück verleiht —

Der ist entsagend, einsichtsvoll, entschlossen, voll von Wesenheit."

— — — — — — — — — — —

Wie ist doch der zackige Brocken so leicht für hartes Gold? — — Der Einsame sieht ihn an:

Ein menschlicher Wirbelknochen!

Die Geschichte vom Löwen Alois

war so: Seine Mutter hatte ihn geboren und war sofort gestorben.

Vergebens hatte er getrachtet, mit seinen runden Pfoten, die so weich waren wie Puderquasten, sie aufzuwecken, denn er verschmachtete vor Durst in der sengenden Mittagsglut.

„Wie die Sonne frühmorgens die Tautropfen schlürft, wird sie auch sein Leben austrinken," murmelten pathetisch die wilden Pfauen oben auf der Tempelruine, machten Prophetengesichter und schlugen rauschend stahlblau schimmernde Räder.

Und wären nicht die Schafherden des Emirs des Weges gezogen, hätte es auch so kommen müssen.

Da aber wendete sich das Schicksal.

„Hirten haben wir nicht, unberufen, die dreinreden dürften," meinten die Schafe — „warum sollen wir diesen jungen Löwen also nicht mitnehmen?

Übrigens die Witwe Bovis macht's gewiß gern, erziehen ist ja ihre Leidenschaft. Seit ihr Ältester nach Afghanistan geheiratet hat — (die Tochter des fürstlichen Oberwidders) — fühlt sie sich sowieso ein bißchen einsam."

Und Frau Bovis sagte kein Wort, nahm das Löwenjunge zu sich, säugte und hegte es — neben Agnes, ihrem eigenen Kind.

Nur der Herr Schnucke Ceterum aus Syrien — schwarz gelockt und mit krummen Hinterbeinen — war dagegen. Er legte den Kopf schief und sagte melodisch: „Scheene Sachen werden da noch emol 'rauskommen," aber weil er immer alles besser wußte, kümmerte sich niemand um ihn. — Der kleine Löwe wuchs erstaunlich, wurde bald getauft und erhielt den Namen „Alois".

Frau Bovis stand dabei und fuhr sich ein ums andere Mal über die Augen; — und der Gemeindeschöps trug ins Buch ein: „Alois † † †", und statt eines Familiennamens drei Kreuze.

Damit aber jeder sehen könne, daß hier wahrscheinlich eine uneheliche Geburt vorliege, schrieb er es auf eine Extraseite.

Alois' Kindheit floß dahin wie ein Bächlein.

Er war ein guter Knabe, und nie gab er — von gewissen Heimlichkeiten vielleicht abgesehen — Grund zur Klage. — Rührend war es anzusehen, wie er heißhungrig mit den andern weidete und die Schafgarbe, die sich ihm widerspenstig immer um die langen Eckzähne legte, in kindlicher Unbeholfenheit mühsam zerkaute.

Jeden Nachmittag ging er mit klein Agnes, seinem Schwesterchen, und ihren Freundinnen ins Bambusgehölz spielen, und da war des Scherzens und der Lustbarkeiten kein Ende.

Alois, hieß es dann immer, Alois, zeig mal deine Krallen, bitte, bitte, und wenn er sie recht lange herausstreckte, erröteten die kleinen Mädchen, steckten kichernd die Köpfe zusammen und sagten: „Ffui, wie unanßtändig;" aber sie wollten es doch immer wieder sehen.

Zur kleinen schwarzhaarigen Scholastika, Schnucke Ceterums lieblichem Töchterlein, entwickelte sich in Alois frühzeitig eine tiefe Herzensneigung.

Stundenlang konnte er an ihrer Seite sitzen, und sie bekränzte ihn mit Vergißmeinnicht.

Waren sie ganz allein, so sagte er ihr das wunderschöne Gedicht auf:

„Willst du nicht das Lämmlein hüten,
Lämmlein ist so fromm und sanft,
Nährt sich von des Grases Blüten
Spielend an des Baches Ranft."

Und sie vergoß dabei Tränen tiefster Rührung.

Dann tollten sie wieder durch das saftige Grün, bis sie umfielen.

Kam er abends erhitzt vom kindlichen Spiele nach Hause, sagte Frau Bovis, seine Mähne nachdenklich betrachtend, immer nur: „Jugend hat keine Tugend," — und — „Junge, wie du heute wieder mal unfrisiert aussiehst!" (Sie war so gut.)

Alois reifte zum Jüngling, und das Lernen war seine Lust. In der Schule allen ein Vorbild, glänzte er stets durch Fleiß und gute Sitten, — und im Singen und in „Vaterländischer Ruhmesgeschichte" hatte er durchwegs 1a.

„Nicht wahr, Mama," sagte er immer, wenn er mit einem Lob des Herrn Lehrers heimkam, „nicht wahr, ich darf später in die Kadettenschule?"

Da mußte sich jedesmal Frau Bovis abwenden und eine Träne zerdrücken. „Er weiß ja nicht, der gute Junge," seufzte sie, „daß dort nur wirkliche Schafe aufgenommen werden," — streichelte ihn, zwinkerte verheißungsvoll mit den Augen und sah ihm gerührt nach, wenn er hochaufgeschossen, wie er war, mit dem ein wenig dünnen Hals und den weichen X-Beinen der Flegeljahre wieder hinaus an seine Schulaufgaben ging.

— — — — — — — — — — —

„Der Herbst zog ins Land," da hieß es eines Tages: Kinder, vorsichtig sein, ja nicht zu weit außerhalb spazieren gehen, besonders nicht in der Dämmerung, wenn die Sonne zu sinken beginnt, — wir kommen jetzt in gefährliches Gebiet. — Der persische Löwe — nämlich — mordet und würgt dort.

Und immer wilder wurde das Pundshab und immer finsterer das Gesicht, das die Landschaft schnitt.

Die steinernen Finger der Berge von Kabul krallen sich in die Niederungen, — Bambusdschungel starrt wie gesträubtes Haar, und auf den Sümpfen treiben träge die Fieberdämonen mit lidlosen Augen und atmen vergiftete Mückenschwärme in die Luft.

Die Herde zog durch einen Engpaß, ängstlich und schweigend. Hinter jedem Felsblock Todesgefahr.

Da machte ein hohler, schauerlicher Ton die Luft beben, — in wilder, besinnungsloser Furcht stürmte die Herde davon.

Hinter einem Felsen hervor schoß ein breiter Schatten gerade auf Herrn Schnucke Ceterum los, der nicht rasch genug vorwärts kam.

Ein riesiger alter Löwe!

Herr Schnucke wäre rettungslos verloren gewesen, hätte sich nicht in diesem Augenblicke etwas Merkwürdiges ereignet. Mit Gänseblümchen bekränzt, ein Sträußchen Georginen hinter dem Ohre, kam Alois mit schmetterndem „Bäh, bäh" im Galopp vorbei.

Als hätte vor ihm der Blitz eingeschlagen, hielt der alte Löwe im Sprung inne und stierte in maßlosem Staunen dem Fliehenden nach.

Lange konnte er keinen Laut hervorbringen, und als er endlich ein wütendes Gebrüll ausstieß, antwortete ihm Alois' „Bäh, bäh" schon aus weiter Ferne.

Eine ganze Stunde noch blieb der Alte in tiefem Grübeln stehen; alles, war er je über Sinnestäuschungen gelesen und gehört, ließ er an seinem Geist vorüberziehen.

Vergebens!

Die Nacht fällt rasch und kalt vom Himmel im Pundshab; fröstelnd knöpfte sich der alte Löwe zu und ging in seine Höhle.

Aber er konnte keinen Schlaf finden, und als das gigantische Katzenauge des Vollmondes grünlich durch die Wolken starrte, brach er auf und setzte der geflohenen Herde nach.

Gegen Morgengrauen erst fand er Alois — die Blumenkränze noch im Haar — süß schlummernd hinter einem Strauche.

Er legte ihm die Pranke auf die Brust, und mit entsetztem „Bäh" fuhr Alois aus dem Schlafe.

„Herr, so sagen Sie doch nicht immer, ‚bäh'. Sind Sie denn wahnsinnig? Sie sind doch ein Löwe, um Gottes willen," brüllte ihn der Alte an.

„Da irren, bitte, —," antwortete Alois schüchtern, „ich bin ein Schaf."

Der alte Löwe schüttelte sich vor Wut; „Sie, — wollen Sie mich vielleicht zum besten haben?! Frozzeln Sie gütigst meinetwegen die Frau Blaschke — — — —."

Alois legte die Tatze beteuernd aufs Herz, blickte ihm treuherzig ins Auge und sagte tiefbewegt:

„Mein Ehrenwort, — ich bin ein Schaf!"

Da entsetzte sich der Alte, wie tief sein Stamm gesunken, und ließ sich Alois' Lebensgeschichte erzählen.

„Das alles," meinte er dann, „ist mir zwar gänzlich schleierhaft, aber daß Sie ein Löwe und kein Schaf sind, steht fest, und wenn Sie's nicht glauben wollen — zum Teufel — so vergleichen Sie unser beider Bild hier im Wasser.

Und jetzt lernen Sie zuvörderst mal anständig brüllen, schauen Sie — so:

Uuuaah, uuuuaah."

Und er brüllte, daß die Oberfläche des Weihers ganz rieselig wurde und aussah wie Schmirgelpapier. „Also versuchen Sie's, es ist ganz leicht."

„Uhah," setzte Alois schüchtern an, verschluckte sich jedoch und mußte hüsteln.

Der alte Löwe blickte ungeduldig zum Himmel auf: „Na, meinetwegen üben Sie's, wenn Sie allein sind, ich muß jetzt sowieso nach Hause."

Er sah auf die Uhr: „Himmelsakra! schon wieder halb fünf! — Also Servus!" Und er salutierte flüchtig mit der Pranke und verschwand. — — — — — — — — — — — — — — —

Alois war wie betäubt — — — —: Also doch!!

Vor ganz kurzer Zeit erst hatte er das Gymnasium absolviert — hatte es sozusagen schwarz auf weiß bekommen, daß er ein Schaf sei — und jetzt!

Gerade jetzt, wo er in den Staatsdienst treten sollte!

Und — und — und Scholastika!

Er mußte weinen — Scholastika!!

So schön hatten sie alles miteinander verabredet, wie er vor Papa und Mama hintreten solle usw.

Und Mama Bovis hatte noch zu ihm gesagt —

neulich —: „Junge, den alten Schnucke, den halte dir warm, der hat ein Viechsgeld; — das wäre so ein Schwiegervater für dich bei deinem Riesenappetit." — Und immer lebendiger zogen die Ereignisse der letzten Tage vor Alois' innerem Auge vorüber: Wie er auf einem Spaziergange Herrn Schnucke über sein blühendes Aussehen und seinen Reichtum Elogen gemacht hatte: „Herr von Schnucke haben, wie ich vernahm, in Syrien einen so schwunghaften Exporthandel in Trommelschlägeln unterhalten, und das soll, höre ich, den Grundstock zu Ihrem Reichtum gelegt haben!?" — — „Auch hab' ich gehandelt dermit —," hatte Herr Ceterum etwas zögernd geantwortet, ihn aber dabei recht argwöhnisch von der Seite angesehen.

„Sollte ich da am Ende etwas Dummes gesagt haben?" — hatte sich Alois damals gedacht — „aber man spricht doch allgemein — — — — — — —"

— — Ein Geräusch schreckte ihn jetzt aus seinen Träumereien. — Also alles, alles sollte jetzt zu Ende sein! Alois legte sein Haupt auf die Tatzen und weinte lange und bitterlich.

Tag und Nacht vergingen, — da hatte er sich durchgerungen.

Übernächtig, tiefe Schatten um die Augen, ging er zur Herde, trat mitten unter sie, richtete sich majestätisch auf und rief:

„Uh——hah!"

Ein ungeheures Gelächter brach los.

„Pardon, ich meine damit," stotterte Alois verlegen — „ich meine damit nur — — ich bin nämlich ein Löwe." Ein Augenblick der Überraschung, allgemeine Stille, und wiederum erhoben sich großer Lärm, höhnische Worte, Warnungsrufe, lautes Lachen.

Erst als Dr. Simulans, der Herr Pastor, hinzutrat und Alois in strengem Tone befahl, ihm zu folgen, legte sich der Tumult.

Es mußte ein langes ernstes Gespräch gewesen sein, das die beiden miteinander führten, und als sie zusammen aus dem Bambusdickicht traten, da leuchteten des Predigers Augen in frommem Eifer. „Sei dössen eingedenk, mein Sohn," waren seine letzten Worte, — „mannigfaltig sind die Fallstricke des bösen Feindes! Tag und Nacht versuchet ör uns, auf daß wir gögen den Stachel löcken, dörweilen wir im Fleische wandeln allhier.

Siehe, das ist ös ja eben, wir allesamt sollen trachten, das Löwentum in uns niederzuwerfen und in Demut zu verharren, daß wir einen nojen Bund schließen und unsere Bitten erhöret werden — hier zeitlich und dort öwiglich.

Und was du gesehen und gehört gestern morgens dort am Weiher, das vergiß; — ös war nicht Wirklichkeit, — war teuflisch Gaukelspiel dös bösen Feindes! Anathema!

Eines noch, mein Sohn! Heiraten ist gut, und ös wird dir die finstern Dünste des Fleisches vertreiben, die den Teufeln ein Wohlgefallen sind, so freie denn die Jungfrau Scholastika Cöterum und sei zahlreich wie der Sand am Meere."

Er hob seine Augen zum Himmel, — „das wird dir helfen des Fleisches Bürde tragen und — (hier wurde seine Rede zum Gesang):

lár—nee zu lei—deen
oh—náh zu klaa—geen!"

Und dann schritt er von hinnen.

— — — — — — — — — — —

Alois' Augen standen voll Tränen.

Drei Tage lang sprach er kein Wort, reinigte nur rastlos sein Inneres von allen Schlacken, und als ihm eines Nachts im Traum eine Löwin erschien, die angab, der Geist seiner Mutter zu sein und verächtlich dreimal vor ihm ausspuckte, da trat er erhobenen Hauptes vor den Herrn Pastor — jauchzend, daß nunmehr die Blendwerke der Hölle von ihm abgelassen hätten und er von nun an das Denken wolle ganz und gar sein lassen, um sich um so blinder der Leitung des Herrn Pastors hinzugeben.

Der Herr Pastor aber hielt in beredten Worten

Fürsprache für ihn um die Hand der Jungfrau Scholastika bei ihren Eltern.

Zwar wollte Herr Ceterum anfangs nichts hören, war sehr wild und rief immer: „Er is nix, er hat nix," aber schließlich fand seine Ehegattin den Schlüssel zu seinem Herzen: „Schnucke," sagte sie, „Schnucke, was willst de eigentlich, was hast de gegen Alois? Schau — — — er is doch blond." —

Und tags darauf war Hochzeit.

Bäh.

Ohrensausen

Auf der Kleinseite steht ein altes Haus, in dem nur unzufriedene Leute wohnen. — Jeden, der es betritt, befällt ein quälendes Mißbehagen. — — Ein düsteres Ding, das bis an den Bauch in der Erde steckt.

— — Im Keller liegt eine eiserne Platte: wer sie hebt, der sieht einen schwarzen engen Schacht mit schlüpfrigen Wänden, die kalt hinunter in die Erde zeigen.

Viele schon hatten an einem Strick Fackeln hinabgelassen. — Tief in die Dunkelheit hinunter, und das Licht war immer schwächer und schwelender geworden, dann erlosch es, und die Leute sagten: Es ist keine Luft mehr. — —

So weiß keiner, wohin der Schacht führt.

Wer aber helle Augen hat, der sieht ohne Licht, — auch in der Finsternis, wenn die andern schlafen. —

Wenn die Menschen der Nacht erliegen und das Bewußtsein schwindet, so verläßt die Gierseele das Herzpendel — grünlich im Schimmer, mit lockern Formen und häßlich, denn es ist keine Liebe in den Herzen der Menschen. — — — — —

Die Menschen sind ermattet vom Tagewerk, das sie Pflicht nennen, und suchen frische Kraft im Schlaf, um ihren Brüdern das Glück zu stören, — um neuen Mord zu sinnen im nächsten Sonnenschein. —

Und schlafen und schnarchen. —

Dann huschen die Gierschatten durch die Fugen in Türen und Wänden ins Freie, — in die horchende

Nacht, — und die schlafenden Tiere winseln und schrecken, wenn sie ihre Henker wittern. — —

Sie huschen und schleichen in das alte, düstere Haus, in den modrigen Keller zur eisernen Platte. — — Das Eisen wiegt nicht, wenn es die Hände der Seelen berühren. — — — — — — Der Schacht weitet sich tief unten, — dort sammeln sich die Schemen.

Sie grüßen sich nicht und fragen nicht; — es ist nichts, was einer vom andern wissen wollte. — —

Mitten im Raume dreht sich schwirrend in rasender Schnelle eine graue steinerne Scheibe. Die hat der Böse gehärtet im Feuer des Hasses vor Jahrtausenden, lang ehe Prag erstand. — — —

An den sausenden Kanten schleifen die Phantome die gierigen Krallen scharf, die sich der Tagmensch stumpf gekratzt. — — —

Die Funken stieben von den Onyxkrallen der Wollust, von den stählernen Hacken der Habgier. —

Alle, alle werden wieder messerscharf, denn der Böse braucht immer neue Wunden. — — — —

Wenn der Mensch im Schlafe die Finger strecken will, muß sein Schemen in den Körper zurück, — die Krallen sollen krumm bleiben, daß sich die Hände nicht falten können zum Gebet. — — — — — —

Der Schleifstein des Satans schwirrt weiter, — unablässig —

Tag und Nacht —

Bis die Zeit still steht und der Raum zerbricht. — — — — — — — — — — —

Wer die Ohren verstopft, der kann ihn sausen hören im Innern.

Der violette Tod

Der Tibetaner schwieg.

Die magere Gestalt stand noch eine Zeitlang aufrecht und unbeweglich, dann verschwand sie im Dschungel. —

Sir Roger Thornton starrte ins Feuer: Wenn er kein Sannyasin — kein Büßer — gewesen wäre, der Tibetaner, der überdies nach Benares wallfahrtete, so hätte er ihm natürlich kein Wort geglaubt — aber ein Sannyasin lügt weder, noch kann er belogen werden. —

Und dann dieses tückische, grausame Zucken im Gesichte des Asiaten!?

Oder hatte ihn der Feuerschein getäuscht, der sich so seltsam in den Mongolenaugen gespiegelt? —

Die Tibetaner hassen den Europäer und hüten eifersüchtig ihre magischen Geheimnisse, mit denen sie die hochmütigen Fremden einst zu vernichten hoffen, wenn der große Tag heranbricht. —

Einerlei, er, Sir Hannibal Roger Thornton, muß mit eigenen Augen sehen, ob okkulte Kräfte tatsächlich in den Händen dieses merkwürdigen Volks ruhen. — Aber er braucht Gefährten, mutige Männer, deren Wille nicht bricht, auch wenn die Schrecken einer anderen Welt hinter ihnen stehen. —

Der Engländer musterte seine Gefährten: — Dort der Afghane wäre der einzige, der in Betracht käme von den Asiaten, — furchtlos wie ein Raubtier, doch abergläubisch! —

Es bleibt also nur sein europäischer Diener. —

Sir Roger berührt ihn mit seinem Stock.

— Pompejus Jaburek ist seit seinem zehnten Jahre völlig taub, aber er versteht es, jedes Wort, und sei es noch so fremdartig, von den Lippen zu lesen.

Sir Roger Thornton erzählt ihm mit deutlichen Gesten, was er von dem Tibetaner erfahren: Etwa zwanzig Tagereisen von hier, in einem genau bezeichneten Seitentale des Himavat, befinde sich ein ganz seltsames Stück Erde. — Auf drei Seiten senkrechte Felswände; — der einzige Zugang abgesperrt durch giftige Gase, die ununterbrochen aus der Erde dringen und jedes Lebewesen, das passieren will, augenblicklich töten. — In der Schlucht selbst, die etwa fünfzig englische Quadratmeilen umfaßt, solle ein kleiner Volksstamm leben — mitten unter üppigster Vegetation —, der der tibetanischen Rasse angehöre, rote spitze Mützen trage und ein bösartiges satanisches Wesen in Gestalt eines Pfaues anbete. — Dieses teuflische Wesen habe die Bewohner im Laufe der Jahrhunderte die schwarze Magie gelehrt und ihnen Geheimnisse geoffenbart, die einst den ganzen Erdball umgestalten sollen; so habe es ihnen auch eine Art Melodie beigebracht, die den stärksten Mann augenblicklich vernichten könne. —

Pompejus lächelte spöttisch.

Sir Roger erklärt ihm, daß er gedenke, mit Hilfe von Taucherhelmen und Tauchertornistern, die komprimierte Luft enthalten sollen, die giftigen Stellen zu passieren, um ins Innere der geheimnisvollen Schlucht zu dringen. —

Pompejus Jaburek nickte zustimmend und rieb sich vergnügt die schmutzigen Hände.

— — — — — — — — — — —

Der Tibetaner hatte nicht gelogen: Dort unten lag im herrlichsten Grün die seltsame Schlucht; ein gelbbrauner, wüstenähnlicher Gürtel aus lockerem, verwittertem Erdreich — von der Breite einer halben Wegstunde — schloß das ganze Gebiet gegen die Außenwelt ab.

Das Gas, das aus dem Boden drang, war reine Kohlensäure.

Sir Roger Thornton, der von einem Hügel aus die Breite dieses Gürtels abgeschätzt hatte, entschloß sich, bereits am kommenden Morgen die Expedition anzutreten. — Die Taucherhelme, die er sich aus Bombay hatte schicken lassen, funktionierten tadellos. —

Pompejus trug beide Repetiergewehre und diverse Instrumente, die sein Herr für unentbehrlich hielt. —

Der Afghane hatte sich hartnäckig geweigert mitzugehen und erklärt, daß er stets bereit sei, in eine Tigerhöhle zu klettern, sich es aber sehr überlegen werde, etwas zu wagen, was seiner unsterblichen Seele Schaden bringen könne. — So waren die beiden Europäer die einzigen wagemutigen geblieben. —

— — — — — — — — — — — —

Die kupfernen Taucherhelme funkelten in der Sonne und warfen wunderliche Schatten auf den schwammartigen Erdboden, aus dem die giftigen Gase in zahllosen, winzigen Bläschen aufstiegen. — Sir Roger hatte einen sehr schnellen Schritt eingeschlagen, damit die komprimierte Luft ausreiche, um die gasige Zone zu passieren. — Er sah alles vor sich in schwankenden Formen wie durch eine dünne Wasserschicht. — Das Sonnenlicht schien ihm gespenstisch grün und färbte die fernen Gletscher — das „Dach der Welt" mit seinen gigantischen Profilen — wie eine wundersame Totenlandschaft. —

Er befand sich mit Pompejus bereits auf frischem Rasen und zündete ein Streichholz an, um sich vom Vorhandensein atmosphärischer Luft in allen Schichten zu überzeugen. — Dann nahmen beide die Taucherhelme und Tornister ab. —

Hinter ihnen lag die Gasmauer wie eine bebende Wassermasse. — In der Luft ein betäubender Duft wie von Amberiablüten. Schillernde handgroße Falter, seltsam gezeichnet, saßen mit offenen Flügeln wie aufgeschlagene Zauberbücher auf stillen Blumen.

Die beiden schritten in beträchtlichem Zwischenraume voneinander der Waldinsel zu, die ihnen den freien Ausblick hinderte. —

Sir Roger gab seinen tauben Diener ein Zeichen,

— er schien ein Geräusch vernommen zu haben. — Pompejus zog den Hahn seines Gewehres auf. —

Sie umschritten die Waldspitze, und vor ihnen lag eine Wiese. — Kaum eine viertel englische Meile vor ihnen hatten etwa 100 Mann, offenbar Tibetaner, mit roten spitzen Mützen einen Halbkreis gebildet: — man erwartete die Eindringlinge bereits. — Furchtlos ging Sir Thornton — einige Schritte seitlich vor ihm Pompejus — auf die Menge zu. —

Die Tibetaner waren in die gebräuchlichen Schaffelle gekleidet, sahen aber trotzdem kaum wie menschliche Wesen aus, so abschreckend häßlich und unförmlich waren ihre Gesichter, in denen ein Ausdruck furchterregender und übermenschlicher Bosheit lag. — Sie ließen die beiden nahe herankommen, dann hoben sie blitzschnell, wie ein Mann, auf das Kommando ihres Führers die Hände empor und drückten sie gewaltsam gegen ihre Ohren. — Gleichzeitig schrien sie etwas aus vollen Lungen. —

Pompejus Jaburek sah fragend nach seinem Herrn und brachte die Flinte in Anschlag, denn die seltsame Bewegung der Menge schien ihm das Zeichen zu irgend einem Angriff zu sein. — Was er nun wahrnahm, trieb ihm alles Blut zum Herzen:

Um seinen Herrn hatte sich eine zitternde wirbelnde Gasschicht gebildet, ähnlich der, die beide vor kurzem durchschritten hatten. — Die Gestalt Sir Rogers verlor die Konturen, als ob sie von dem Wirbel abgeschliffen würden, — der Kopf wurde spitzig, — die ganze Masse sank wie zerschmelzend in sich zusammen, und an der Stelle, wo sich noch vor einem Augenblick der sehnige Engländer befunden hatte, stand jetzt ein hellvioletter Kegel von der Größe und Gestalt eines Zuckerhutes. —

Der taube Pompejus wurde von wilder Wut geschüttelt. — Die Tibetaner schrien noch immer, und er sah ihnen gespannt auf die Lippen, um zu lesen, was sie denn eigentlich sagen wollten. —

Es war immer ein und dasselbe Wort. — Plötzlich sprang der Führer vor, und alle schwiegen und

5*

senkten die Arme von den Ohren. — Gleich Panthern stürzten sie auf Pompejus zu. — Dieser feuerte wie rasend aus seinem Repetiergewehr in die Menge hinein, die einen Augenblick stutzte. —

Instinktiv rief er ihnen das Wort zu, das er vorher von ihren Lippen gelesen hatte:

„Ämálán — Äm — má — lán," brüllte er, daß die Schlucht erdröhnte wie unter Naturgewalten. —

Ein Schwindel ergriff ihn, er sah alles wie durch starke Brillen, und der Boden drehte sich unter ihm. — Es war nur ein Moment gewesen, jetzt sah er wieder klar. —

Die Tibetaner waren verschwunden — wie vorhin sein Herr —; nur zahllose violette Zuckerhüte standen vor ihm. —

Der Anführer lebte noch. Die Beine waren bereits in bläulichen Brei verwandelt, und auch der Oberkörper fing schon an zu schrumpfen, — es war, als ob der ganze Mensch von einem völlig durchsichtigen Wesen verdaut würde. — Er trug keine rote Mütze, sondern ein mitraähnliches Gebäude, in dem sich gelbe lebende Augen bewegten. —

Jaburek schmetterte ihm den Flintenkolben an den Schädel, hatte aber nicht verhindern können, daß ihn der Sterbende mit einer im letzten Moment geschleuderten Sichel am Fuße verletzte.

Dann sah er um sich. — Kein lebendes Wesen weit und breit. —

Der Duft der Amberiablüten hatte sich verstärkt und war fast stechend geworden. — Er schien von den violetten Kegeln auszugehen, die Pompejus jetzt besichtigte. — Sie waren einander gleich und bestanden alle aus demselben hellvioletten gallertartigen Schleim. Die Überreste Sir Roger Thorntons aus diesen violetten Pyramiden herauszufinden, war unmöglich.

Pompejus trat zähneknirschend dem toten Tibetanerführer ins Gesicht und lief dann den Weg zurück, den er gekommen war. — Schon von weitem sah er im Gras die kupfernen Helme in der Sonne blitzen. — Er pumpte seinen Taschertornister voll Luft und betrat die Gaszone. — Der Weg wollte kein Ende nehmen. Dem Armen liefen die Tränen über das Gesicht, — Ach Gott, ach Gott, sein Herr war tot. — Gestorben, hier, im fernen Indien! — Die Eisriesen des Himalaya gähnten gen Himmel, — was kümmerte sie das Leid eines winzigen pochenden Menschenherzens. — — — — — — — —

Pompejus Jaburek hatte alles, was geschehen war, getreulich zu Papier gebracht, Wort für Wort, so wie er es erlebt und gesehen hatte — denn verstehen konnte er es noch immer nicht —, und es an den Sekretär seines Herrn nach Bombay, Adheritollahstraße 17, adressiert. — Der Afghane hatte die Besorgung übernommen. — Dann war Pompejus gestorben, denn die Sichel des Tibetaners war vergiftet gewesen. —

„Allah ist das Eins und Mohammed ist sein Prophet," betete der Afghane und berührte mit der Stirne den Boden. — Die Hindujäger hatten die Leiche mit Blumen bestreut und unter frommen Gesängen auf einem Holzstoße verbrannt. — — — —

Ali Murrad Bey, der Sekretär, war bleich geworden, als er die Schreckensbotschaft vernahm, und hatte das Schriftstück sofort in die Redaktion der „Indian Gazette" geschickt. —

Die neue Sintflut brach herein. —

Die „Indian Gazette", die die Veröffentlichung des „Falles Sir Roger Thornton" brachte, erschien am nächsten Tage um volle drei Stunden später als sonst. — Ein seltsamer und schreckenerregender Zwischenfall trug die Schuld an der Verzögerung:

Mr. Birendranath Naorodjee, der Redakteur des Blattes, und zwei Unterbeamte, die mit ihm die Zeitung vor der Herausgabe noch mitternachts durchzuprüfen pflegten, waren aus dem verschlossenen Arbeitszimmer spurlos verschwunden. — Drei bläuliche gallertartige Zylinder standen statt dessen auf dem Boden, und mitten zwischen ihnen lag das frischgedruckte Zeitungsblatt. — Die Polizei hatte kaum mit bekannter Wichtigtuerei die ersten Protokolle angefertigt, als zahllose ähnliche Fälle gemeldet wurden.

Zu Dutzenden verschwanden die zeitunglesenden und gestikulierenden Menschen vor den Augen der entsetzten Menge, die aufgeregt die Straßen durchzog. — Zahllose violette kleine Pyramiden standen umher, auf den Treppen, auf den Märkten und Gassen — wohin das Auge blickte. —

Ehe der Abend kam, war Bombay halb entvölkert. Eine amtliche sanitäre Maßregel hatte die sofortige Sperrung des Hafens, wie überhaupt jeglichen Verkehrs nach außen verfügt, um eine Verbreitung der neuartigen Epidemie, denn wohl nur um eine solche konnte es sich hier handeln, möglichst einzudämmen. — Telegraph und Kabel spielten Tag und Nacht und schickten den schrecklichen Bericht, sowie den ganzen Fall „Sir Thornton" Silbe für Silbe über den Ozean in die weite Welt. —

Schon am nächsten Tag wurde die Quarantäne, als bereits verspätet, wieder aufgehoben.

Aus allen Ländern verkündeten Schreckensbotschaften, daß der „violette Tod" überall fast gleichzeitig ausgebrochen sei und die Erde zu entvölkern drohe. Alles hatte den Kopf verloren, und die zivilisierte Welt glich einem riesigen Ameisenhaufen, in den ein Bauernjunge seine Tabakspfeife gesteckt hat. —

In Deutschland brach die Epidemie zuerst in Hamburg aus; Österreich, in dem ja nur Lokalnachrichten gelesen werden, blieb wochenlang verschont.

Der erste Fall in Hamburg war ganz besonders erschütternd. Pastor Stühlken, ein Mann, den das ehrwürdige Alter fast taub gemacht hatte, saß früh am Morgen am Kaffeetisch im Kreise seiner Lieben: Theobald, sein Ältester, mit der langen Studentenpfeife, Jette, die treue Gattin, Minchen, Tinchen, kurz alle, alle. Der greise Vater hatte eben die eingelangte englische Zeitung aufgeschlagen und las den Seinen den Bericht über den „Fall Sir Roger Thornton" vor. Er war kaum über das Wort Ämälän hinausgekommen und wollte sich eben mit einem

Schluck Kaffee stärken, als er mit Entsetzen wahrnahm, daß nur noch violette Schleimkegel um ihn herumsaßen. In dem einen stak noch die lange Studentenpfeife. —

Alle vierzehn Seelen hatte der Herr zu sich genommen. —

Der fromme Greis fiel bewußtlos um. —

Eine Woche später war bereits mehr als die Hälfte der Menschheit tot.

Einem deutschen Gelehrten war es vorbehalten, wenigstens etwas Licht in diese Vorkommnisse zu bringen. — Der Umstand, daß Taube und Taubstumme von der Epidemie verschont blieben, hatte ihn auf die ganz richtige Idee gebracht, daß es sich hier um ein rein akustisches Phänomen handle. —

Er hatte in seiner einsamen Studierstube einen langen wissenschaftlichen Vortrag zu Papier gebracht und dessen öffentliche Verlesung mit einigen Schlagworten angekündigt.

Seine Auseinandersetzung bestand ungefähr darin, daß er sich auf einige fast unbekannte indische Religionsschriften berief, — die das Hervorbringen von astralen und fluidischen Wirbelstürmen durch das Aussprechen gewisser geheimer Worte und Formeln behandelten — und diese Schilderungen durch die modernsten Erfahrungen auf dem Gebiete der Vibrations- und Strahlungstheorie stützte. —

Er hielt seinen Vortrag in Berlin und mußte, während er die langen Sätze von seinem Manuskripte ablas, sich eines Sprachrohres bedienen, so enorm war der Zulauf des Publikums. —

Die denkwürdige Rede schloß mit den lapidaren Worten: „Gehet zum Ohrenarzt, er soll euch taub machen, und hütet euch vor dem Aussprechen des Wortes ‚Ämálán.‘“ —

Eine Sekunde später waren wohl der Gelehrte und seine Zuhörer nur mehr leblose Schleimkegel, aber das Manuskript blieb zurück, wurde im Laufe der Zeit bekannt und befolgt und bewahrte so die Menschheit vor dem gänzlichen Aussterben.

Einige Dezennien später, man schreibt 1950, bewohnt eine neue taubstumme Generation den Erdball. —

Gebräuche und Sitten anders, Rang und Besitz verschoben. — Ein Ohrenarzt regiert die Welt. — Notenschriften zu den alchimistischen Rezepten des Mittelalters geworfen, — Mozart, Beethoven, Wagner der Lächerlichkeit verfallen, wie weiland Albertus Magnus und Bombastus Paracelsus. —

In den Folterkammern der Museen fletscht hie und da ein verstaubtes Klavier die alten Zähne.

Nachschrift des Autors: Der verehrte Leser wird gewarnt, das Wort „Ämälän" laut auszusprechen.

Um nur die Priorität dieser Prophezeiung zu sichern, stelle ich fest, daß folgende Novelle im Jahre 1903 geschrieben wurde.
Gustav Meyrink.

Petroleum, Petroleum

Freitag — mittags — war es, da schüttete Dr. Kunibald Jessegrim die Strychninlösung langsam in den Bach.

Ein Fisch tauchte an die Oberfläche — tot — mit dem Bauche aufwärts.

„So tot wärest du jetzt," sprach Jessegrim zu sich selber und reckte sich, — froh, daß er die Selbstmordgedanken mit dem Gifte weggegossen hatte.

Dreimal in seinem Dasein hatte er auf diese Weise schon dem Tode ins Auge gesehen, und jedesmal war er durch eine dumpfe Ahnung, daß er noch zu Großem — zu einer wilden, umfassenden Rache — berufen sei, wieder an das Leben gefesselt worden.

Das erstemal wollte er ein Ende machen, als man ihm seine Erfindung gestohlen hatte, — dann nach Jahren, wie sie ihn aus seiner Stellung jagten, weil er nicht aufhörte, den Dieb seiner Erfindung zu verfolgen und bloßzustellen, — und jetzt, weil — — weil — —

Kunibald Jessegrim stöhnte auf, wie die Gedanken an sein wildes Weh wieder lebendig wurden. —

Alles war dahin, — alles, an dem er gehangen, — alles, was ihm einst lieb und teuer gewesen. — Und nur der blinde, bornierte, grundlose Haß einer Menge, die, von Schlagworten beseelt, allem sich entgegenstemmt, was nicht in die Schablone geboren ist, hatte ihm das angetan. —

Was hatte er nicht alles unternommen, erdacht und vorgeschlagen. —

Kaum im Zuge, mußte er aufhören — vor ihm

die „chinesische Mauer“: der lieben Menschen breitgestirnte Schar und das Schlagwort „aber“.

— — — — — — — — — — — —

— — — „Gottesgeißel“ — ja, so heißt die Erlösung. — Herr im Himmel, Allmächtiger, laß mich ein Zerstörer sein, — ein Attila! — loderte die Wut in Jessegrims Herzen. —

Timur Lenk, der Dschingis-Khan, wie er durch Asien hinkt und Europas Fluren verwüstet mit seinem gelben Mongolenheer, — die Vandalenführer, die erst auf dem Schutte römischer Kunst die Ruhe finden, — sie alle waren von seinem Geschlecht — starke, ungeschlachte Brüder, in einem Adlernest geboren. —

Eine ungeheure, schrankenlose Liebe zu diesen Geschöpfen des Gottes Shiva erwachte in ihm. — Die Geister dieser Toten werden mit mir sein, fühlte er, — und ein anderer Typus trat in seinen Körper — blitzartig.

Wenn er sich in diesem Augenblicke hätte in einem Spiegel sehen können, wären ihm die Wunder der Transfiguration kein Rätsel mehr geblieben. — —

So fallen die dunklen Mächte der Natur ins Blut des Menschen — tief und schnell.

— — — — — — — — — — — —

Dr. Jessegrim besaß ein profundes Wissen, — er war Chemiker, und sich durchzubringen, fiel ihm nicht schwer. —

In Amerika kommen solche Menschen gut fort, — was Wunder, daß auch er bald zu Geld kam, — zu Reichtümern sogar.

Er hatte sich in Tampiko in Mexiko angesiedelt und durch einen schwunghaften Handel mit Meskal, einem neuen narkotischen Genuß- und Betäubungsmittel, das er chemisch zu präparieren verstand, Millionen erworben.

Viele Quadratmeilen Ländereien im Umkreise Tampikos waren sein Eigen, und der enorme Reichtum an Petroleumquellen versprach sein Vermögen ins Ungezählte zu vermehren.

Doch das war es nicht, wonach sein Herz sich sehnte.

— — — — — — — — — — —

Neujahr zog ins Land. —

‚Morgen wird der 1. Januar 1951 sein, und die faulen Kreolen werden wieder einen Anlaß haben, drei Feiertage lang sich zu betrinken und Fandango zu tanzen,' dachte Dr. Jessegrim und sah von seinem Balkon auf das stille Meer hinab.

Und in Europa wird's nicht viel besser sein. Jetzt um diese Zeit erscheinen in Österreich schon die ‚Tagesblätter' — zweimal dicker als sonst und viermal so dumm. Das neue Jahr als nackter Junge abgebildet, frische Kalender mit schwebenden Frauen und Füllhörnern, statistische Merkwürdigkeiten: daß am Dienstag 11 Uhr 35 Minuten 16 Sekunden mittags genau 9 Milliarden Sekunden verflossen seien, seit der Erfinder der doppelten Buchhaltung die Augen zur wohlverdienten ewigen Ruhe geschlossen habe, — und so weiter.' — — —

Dr. Jessegrim saß noch lange und starrte auf den regungslosen Meeresspiegel, der so eigen schimmerte im Sternenschein. Bis es zwölf Uhr schlug. —

Mitternacht! — —

Er nahm seine Uhr heraus und zog sie langsam auf, bis seine Fingerspitzen den Widerstand am Remontoir fühlten. — Leise drückte er dagegen und immer stärker . . . da — — ein leises Knacken, die Feder war zerbrochen, die Uhr stand still. — — —

— — — Dr. Jessegrim lächelte spöttisch: „So will ich euch auch die Feder abdrehen, ihr lieben, guten —

— — — — — — — — — — —

Eine fürchterliche Detonation erschreckte die Stadt. Sie dröhnte von weit her, vom Süden, und die Schiffer meinten, es müsse in der Nähe der großen Landzunge — ungefähr zwischen Tampiko und Vera-Cruz — der Ursprung der Erscheinung zu suchen sein. —

Feuerschein hatte niemand gesehen, — auch die Leuchttürme gaben keine Signale. — —

Donner? — jetzt? — und bei heiterem Himmel! — — Unmöglich. — Also wahrscheinlich ein Erdbeben. —

Alles bekreuzigte sich, — nur die Wirte fluchten wie wild, denn sämtliche Gäste waren aus den Schenken gestürzt und hatten sich auf die Anhöhen der Stadt begeben, wo sie sich unheimliche Geschichten erzählten.

Dr. Jessegrim beachtete all das gar nicht, er war in sein Studierzimmer getreten und summte etwas wie: „Ade, mein Land Tirol" —

Er war vorzüglich aufgelegt und holte eine Landkarte aus der Schublade, stach an ihr mit einem Zirkel herum, — verglich in seinem Notizbuch und freute sich, daß alles stimmte: Bis Omaha, vielleicht noch weiter nach Norden zog sich das Petroleumgebiet, daran ließ sich nicht mehr zweifeln, und daß das Erdöl unterirdisch ganze Seen, so groß wie die Hudsonbay, bilden mußte, das wußte er.

Er wußte es, er hatte es ausgerechnet, — volle zwölf Jahre daran gerechnet. — — —

Ganz Mexiko stand seiner Meinung nach auf Felsenhöhlen im Erdinnern, die zum großen Teile, wenigstens so weit sie mit Petroleum gefüllt waren, miteinander in Verbindung standen.

Die vorhandenen Zwischenwände nach und nach wegzusprengen, war seine Lebensaufgabe geworden. — Jahre lang hatte er dazu ganze Scharen Arbeiter beschäftigt, — und was das für Geld gekostet!

Die vielen Millionen, die er an dem Handel mit Meskal verdient hatte, waren drauf gegangen.

Und wenn er dabei ein einziges Mal eine Erdölquelle traf, — wäre alles aus gewesen. — Die Regierung hätte ihm natürlich sofort die Sprengerei gelegt, der sie so wie so stets abhold war. — — —

— Heute nachts sollten die letzten Wände fallen, — die zum Meere zu, — an der Landzunge — und die weiter nördlich bei St. Louis de Potosi. —

Automatische Vorrichtungen besorgten die Explosion. — — —

Dr. Kunibald Jssegrim steckte die paar Tausenddollarscheine, die ihm noch blieben, zu sich und fuhr auf den Bahnhof. — Um vier Uhr früh ging der Schnellzug nach New York. —

Was sollte er noch in Mexiko?!

— — — — — — — — — — — —

Richtig, da stand es schon in allen Zeitungen — das Originaltelegramm von sämtlichen Küstenpunkten des mexikanischen Golfes in den Abkürzungen des internationalen Cable-Code:

„Ephraim Kalbsniere Beerenschleim", was übersetzt ungefähr heißt: „Meeresspiegel ganz mit Petroleum bedeckt, Ursache unbekannt, alles stinkt weit und breit. Der staatliche Gouverneur."

Die Yankees interessierte das ungemein, da das Ereignis doch zweifelsohne einen mächtigen Eindruck auf die Börse und die Petroleumkurse hervorbringen mußte, — und Besitzverschiebung ist doch das halbe Leben! — —

Die Bankmänner in Wallstreet, von der Regierung befragt, ob das Ereignis ein Steigen oder Sinken der Kurse hervorbringen werde, zuckten die Achseln und lehnten Urteile ab, ehe nicht die Ursache des Phänomens bekannt sei; — dann allerdings — — wenn man das Gegenteil von dem an der Börse machen werde, was die Vernunft gebiete, ließe sich wohl viel Geld verdienen. —

Auf die Gemüter Europas brachte die Nachricht keinen besonderen Eindruck hervor, — erstens war man durch Schutzzölle gedeckt, und zweitens waren gerade neue Gesetze im Werden, die durch geplante Einführung des sogenannten dreijährig freiwilligen Nummernzwanges, verbunden mit Abschaffung der Eigennamen männlicher Individuen, die Vaterlandsliebe anfachen und die Seelen zum Militärdienste besser geeignet machen sollten. — — —

— — — — — — — — — — — —

Unterdessen floß das Petroleum, genau wie Dr. Jessegrim berechnet hatte, fleißig aus den unterirdischen Becken Mexikos ins Meer ab und bildete an der Oberfläche eine opalisierende Schicht, die sich immer weiter und weiter ausdehnte und, vom Golfstrom fortgetrieben, bald den ganzen Meerbusen zu bedecken schien.

— — — Die Gestade waren verödet, und die Bevölkerung zog sich ins Innere des Landes zurück. —

Schade um die blühenden Städte!

Dabei war der Anblick der See ein furchtbar schöner, — eine unabsehbare Fläche, schimmernd und schillernd in allen Farben: rot, grün und violett, — — wieder tiefes, tiefes Schwarz, wie Phantasien aus märchenhafter Sternenwelt. — Das Öl war dicker, als sonst Petroleum zu sein pflegt, und zeigte durch seine Berührung mit dem salzigen Seewasser keine andere Veränderung, als daß es allmählich an Geruch verlor. — — —

Die Gelehrten meinten, daß eine präzise Erforschung der Ursachen dieser Erscheinung von hohem wissenschaftlichem Werte sei, und da Dr. Jessegrims Ruf im Lande — wenigstens als Praktiker und Kenner mexikanischer Petroleumlager — begründet war, stand man nicht an, auch seine Meinung einzuholen. —

Die war kurz und bündig, wenn sie auch das Thema nicht in dem Sinne behandelte, wie man erwartete:

„Wenn das Erdöl in dem Maße weiterströmt, wie bisher, so werden meiner Berechnung nach in 27—29 Wochen sämtliche Ozeane der Erde davon bedeckt sein und ein Regen in Zukunft für immer ausbleiben, da kein Wasser mehr verdunsten kann, — Im besten Falle wird es dann nur Petroleum regnen." —

— — — Diese frivole Prophezeiung rief eine stürmische Mißbilligung wach, gewann aber täglich an Wahrscheinlichkeit, und als die unsichtbaren Zuflüsse gar nicht versiegen wollten, — im Gegenteil, sich ganz außerordentlich zu vergrößern schienen, befiel ein panisches Entsetzen die gesamte Menschheit.

Stündlich waren neue Berichte von den Sternwarten Amerikas und Europas zu lesen, — ja sogar die Prager Sternwarte, die bis dahin immer nur den Mond photographiert hatte, begann allmählich, sich den neuen seltsamen Erscheinungen zuzuwenden.

In der alten Welt sprach bald niemand mehr von der neuen Militärvorlage, und der Vater des Gesetzentwurfs, der in einer europäischen Streitmacht bedienstete Major Dressel Ritter von Glubinger ab Zinkski auf Trottelgrün, kam ganz in Vergessenheit.

Wie immer in Zeiten der Verwirrung, wenn die Zeichen des Unheils dräuend am Himmel stehen, meldeten sich die Stimmen der unruhigen Geister, die, mit dem Bestehenden nie zufrieden, an altehrwürdige Einrichtungen zu tasten wagen:

„Weg mit dem Militär, das unser Geld frißt, frißt, frißt! — Bauet lieber Maschinen, ersinnet Mittel, um die verzweifelnde Menschheit vor dem Petroleum zu retten“ — — —

Aber das geht ja doch nicht, — mahnten die Besonnenern, man kann doch nicht so viele Millionen Menschen auf einmal brotlos machen!

— — — „Wieso brotlos? Die Mannschaft braucht ja nur entlassen zu werden, — jeder von ihnen hat ja doch etwas gelernt, und sei es auch nur das einfachste Handwerk,“ war die Antwort.

— — — „Na ja, — gut — die Mannschaft! — Aber was soll man mit den vielen Offizieren machen?“ —

— — — Das war allerdings ein gewichtiges Argument.

— — — — — — — — — — —

Lange schwankten die Meinungen hin und her, und keine Partei konnte die Oberhand gewinnen, bis die chiffrierte Kabelbotschaft aus New York eintraf:

„Stachelschwein pfundweise Bauchfellentzündung Amerika,“ — das heißt übersetzt:

— „Erdölquellen nehmen stetig zu, Situation äußerst gefährlich. Drahtet umgehend, ob Gestank bei euch auch so unerträglich. Herzlichen Gruß! Amerika.“

— — Das schlug dem Faß den Boden aus! —

Ein Volksredner — ein wilder Fanatiker — stand auf, — mächtig wie ein Fels in der Brandung — faszinierend — und stachelte durch die Kraft seiner Rede das Volk zu den unüberlegtesten Taten.

„Lasset die Soldaten frei, — fort mit dieser Spielerei, — sollen die Offiziere sich auch einmal nützlich machen. — Geben wir ihnen neue Uniformen, wenn's ihnen schon Freude macht, — meinetwegen froschgrüne mit roten Tupfen. — Und an die Meeresufer mit ihnen, sollen sie dort mit Fließpapier das Petroleum auftunken, während die Menschheit nachdenkt, wie dem schrecklichen Unheil zu steuern ist." —

— — Die Menge jubelte Beifall. —

— Die Vorstellungen, daß solche Maßregeln gar keine Wirkungen haben könnten, daß sich da doch viel eher mit chemischen Mitteln ankämpfen ließe, fanden kein Gehör. —

„Wissen wir, — wissen wir alles," — hieß es. „Aber was soll man dann mit den vielen überflüssigen Offizieren anfangen, — he?"

Die Königin unter den Bregen

Der Herr da drüben ist der Dr. Jorre.

Er besitzt ein technisches Bureau und verkehrt mit keinem Menschen.

Regelmäßig um ein Uhr ißt er im Restaurant des Staatsbahnhofes zu mittag, und wenn er eintritt, bringt ihm der Kellner die „Politik". —

Dr. Jorre setzt sich immer darauf, nicht etwa aus Verachtung, sondern um sie jeden Augenblick bei der Hand zu haben, — denn er liest bruchstückweise während des Essens.

Er ist überhaupt ein eigentümlicher Mensch, — ein Automat, der niemals in Eile ist, niemanden grüßt und nur das tut, was er will.

Gemütsbewegungen hat noch keiner an ihm wahrgenommen. —

— — — — — — — — — — —

„Ich möchte mir eine Portemonnaiefabrik — egal wo, nur in Österreich muß es sein — errichten," sagte eines Tages ein Herr zu ihm, — „so und so viel will ich daran wenden, — können Sie mir das besorgen, — samt Maschinen, Arbeitern, Bezugs- und Absatzquellen und so weiter und so weiter, — — kurz: ganz komplett?" —

Vier Wochen später schrieb Dr. Jorre dem Herrn, daß die Fabrikgebäude fix und fertig seien — an der ungarischen Grenze. Der Betrieb bei der Behörde angemeldet, — 25 Arbeiter und 2 Werkmeister vom Ersten des Monats ab angestellt, ebenso das kaufmännische Personal; Leder aus Budapest, — Alligatorenhäute aus Ohio unterwegs. — Bestellungen von wiener Abnehmern zu günstigen Preisen in den Geschäftsbüchern bereits eingetragen. Bankverbindungen in den Hauptstädten angeknüpft.

Nach Abzug seines Honorars seien 5 fl. 63 Kr. von dem ihm übergebenen Gelde übrig, die sich in Briefmarken in der linken Schublade des Schreibtisches im Chefzimmer befänden.

Solche Geschäfte machte Dr. Jorre.

Zehn Jahre hatte er auf diese Art schon gearbeitet und wahrscheinlich viel Geld verdient. Jetzt stand er wieder mit einem englischen Syndikat in Unterhandlungen, und morgen früh um acht Uhr sollten sie zum Abschlusse kommen. Eine halbe Million würde Dr. Jorre dabei verdienen, meinten seine Konkurrenten. —

Es könne gar nicht mehr gelingen, ihn noch aus dem Felde zu schlagen, glaubten sie. —

Die Engländer glaubten es auch nicht.

Dr. Jorre erst recht nicht.

„Kommen Sie morgen pünktlich ins Hotel," sagte der eine Engländer.

Dr. Jorre gab keine Antwort und ging nach Hause. Der Kellner, der die Bemerkung gehört, lachte bloß.

— — — — — — — — — — —

In Jorres Schlafzimmer steht nur ein Bett, ein Stuhl und ein Waschtisch. —

Totenstille im ganzen Haus.

Lang ausgestreckt liegt der Mann und schläft.

„Morgen soll er am Ziele seines Strebens sein, mehr besitzen, als er verbrauchen kann. Was wird er dann wohl beginnen? Welche Wünsche bewegen dieses Herz, das so freudlos schlägt?"

Das hat er wohl keinem Menschen je gesagt. — Er steht ganz allein in der Welt.

Ob die Natur zu ihm spricht, ob Musik, ob Kunst? — Niemand weiß es. — — — Es ist, als ob der Mann tot wäre, — kein Atemzug ist hörbar.

Das kahle Zimmer schläft mit ihm, — kein Knistern — nichts. — Solch alte Räume sind nicht mehr neugierig.

So verfließt die Nacht — langsam — Stunde um Stunde. — — — — — — — — —

— War das nicht ein Schluchzen, — wie aus dem Schlaf? — Pa, — Dr. Jorre schluchzt nicht. — Auch nicht im Schlaf.

Und jetzt ein Rascheln. — Es ist etwas herabgefallen, — ein leichter Gegenstand. — Eine dürre Rose, die an der Wand neben dem Bette hing, liegt auf dem Boden. — Der Faden, der sie gehalten, ist zerrissen; — er war schon alt — und morsch geworden. Ein Lichtschein fällt auf die Zimmerdecke — eine Wagenlaterne von der Gasse war es wohl. —

— — — — — — — — — — —

Früh stand Dr. Jorre auf, wusch sich und ging ins Nebenzimmer. Dann setzt er sich an seinen Schreibtisch und starrt vor sich hin.

Wie alt und verfallen er heute aussieht. —

Draußen fahren Lastwagen; man hört sie über das Pflaster holpern. Ein nüchterner, öder Morgen, — halbdunkel noch, als ob es nie mehr freudiger Tag werden wolle. —

Daß die Menschen den Mut haben, da weiter zu leben.

Was soll das alles, — dieses mürrische Arbeiten im trüben Nebel!

Jorre spielt mit einem Bleistift. — Die Dinge stehen in wohlgeordneten Abständen auf dem Schreibtische. — Er klopft zerstreut auf den Briefbeschwerer, der vor ihm liegt. Ein Basaltstück mit zwei gelbgrünen Olivinkristallen; — wie zwei Augen sehen ihn die Steine an. — Warum quält ihn das so? — Er schiebt den Block beiseite. —

Immer wieder muß er hinschauen. — — — Wer hat ihn nur so angeblickt, so gelbgrün? Und noch vor ganz kurzer Zeit? — — — —

Bregen — — — — — — Bregen — —

Was für ein Wort ist das nur? — Bregen? —

Er hält die Hand an die Stirn und sinnt. —

Ein Traumgesicht dämmert in seiner Seele. —

6*

Heute nacht hatte er von dem Worte geträumt; — jawohl, — gerade vor wenigen Stunden:

Er war in den Herbst hineingeschritten, in eine fröstelnde Landschaft. — Weidenbäume mit hängenden Zweigen. Das Laub tot auf allen Sträuchern. — Dicht bedecken die abgefallenen Blätter die Erde, mit Wasserstaub bestanden, als ob sie die sonnigen Tage beweinten, wo sie noch in der Höhe — im Winde — gejauchzt und gezittert, — die silbergrünen Weidenkinder. —

Es ist ein eigenes trostloses Rauschen, wenn der Fuß durch die dürren Blätter streift.

Ein brauner Pfad liegt zwischen wirren Sträuchern, die wie erstarrte Krallen in die nasse Luft greifen. — — Er sieht sich auf diesem Wege gehen. — Vor ihm humpelt ein altes Weib in Lumpen — tief gebückt — mit einem Hexengesicht. — Er hört ihren Krückstock auf die Erde stampfen. — Jetzt bleibt sie stehen.

Ein Sumpf liegt vor ihnen im Dunkel der Ulmen, und grüne Schwaden decken die tückische Fläche. — Die Hexe reckt ihren Krückstock aus; die Decke zerreist, — Jorre blickt in die unergründliche Tiefe. —

Die Wasser werden klar, — klar wie Kristall, — und da unten erscheint eine seltsame Welt. Immer höher hinauf taucht es: — Nackte Frauen wie Schlangen verschlungen bewegen sich dort; leuchtende Leiber schwimmen in wirbelndem Reigen. — Und eine mit grünen großen Augen, eine Krone im Haar, sieht herauf zu ihm und schwingt ein Zepter über die anderen. — Sein Herz schreit auf vor Weh unter diesem Blick; er fühlt, wie sein Blut diese Augen aufnimmt und wie ihr grüner Schein in seinen Augen zu kreisen beginnt. —

Da läßt die Hexe den Krückstock sinken und sagt:

„Die einst deines Herzens Königin war, ist Königin jetzt hier unter den Bregen!“

Und wie die Worte verklingen, schießen die dichten Schwaden über dem Sumpf zusammen.

— — — — — — — — — — —

Die einst deines Herzens Königin war ....

— — — — — — — — — — —

Dr. Jorre sitzt an seinem Schreibtisch, den Kopf auf die Arme gelegt, und weint.

Es schlägt acht Uhr; er hört es und weiß, daß er fortgehen soll. — Und er geht nicht. Was soll ihm auch das Geld! — Der Wille hat ihn verlassen. —

„Die einst deines Herzens Königin war, ist Königin jetzt hier unter den Bregen.“

Er denkt es immerfort. — Das herbstlich spukhafte Bild steht unbeweglich vor seiner Seele — und die grünen Augen kreisen in seinem Blute. —

Was das Wort Bregen nur bedeuten mag? Er hat es nie im Leben vernommen und kennt seinen Sinn nicht. — Es heißt etwas Grauenhaftes, namenlos Trauriges, etwas Elendes — fühlt er —, und das freudlose Klappern der Lastwagen von der Straße her dringt wie beißendes Salz in sein krankes Herz.

Der Wahrheitstropfen

I

Das gespenstische Dämmerlicht des Frühmorgens tastete sich bereits durch die staubigen Straßen und hauchte trüb schimmernde Nebel an die Häusermauern. Vier Uhr früh! Und immer noch war Hlavata Ohrringle wach und ging ruhelos im Zimmer auf und ab.

Jahrzehnte ein Fläschchen, gefüllt mit einer wasserhellen Flüssigkeit, zu besitzen, von der man bestimmt weiß, daß sie irgend welche geheimnisvolle Eigenschaften hat, — zu gewissen Zeiten eingenommen, vielleicht sogar die höchsten magischen Fähigkeiten verleihen kann, ohne daß man imstande wäre, hinter das Geheimnis zu kommen, ist betrübend und qualvoll. Aber plötzlich — wie mit einem Ruck — den Vorhang gelüftet zu sehen, regt auf und zerreißt den Schlaf.

Hlavata Ohrringle hatte oft des Abends das Fläschchen hervorgeholt, geschüttelt, gegen das Licht gehalten und an seinem Inhalt gerochen — hatte immer und immer wieder die alten Folianten aufgeschlagen, die nach den testamentarischen Angaben seines Urgroßvaters Aufschlüsse geben sollten — und war jedesmal gereizt zu Bette gegangen, ohne etwas herausgefunden zu haben. Nur eins war seltsam, immer in solchen Nächten besuchte ihn derselbe Traum: eine violette gebirgige Landschaft, mitten darin ein asiatisches Kloster mit einem goldenen Dach und darauf in starrer Unbeweglichkeit eine Leiche stehend, die ein Buch in der Hand hielt. Wenn sich dann langsam die Deckel öffneten, wurde in chaldäischen Lettern der Satz sichtbar: „Bleib' auf deinem Weg und wanke nicht." — —

Und heute endlich, endlich nach so langem fruchtlosen Grübeln hatte Hlavata Ohrringle gefunden, und die verbergende Hülle des Geheimnisses war vor den Augen seiner Seele geborsten — so wie die Schale einer Nuß zerspringt, wenn Hitze auf sie wirkt. —

Eine Stelle in einem der Traktate, die er bisher übersehen, weil sie gleich anfangs in der Vorrede stand, gab genauen Aufschluß: die Flüssigkeit war ein sogenanntes alchemystisches Partikular.

Also doch — ein alchemystisches Partikular!

Aber die Eigenschaften der Flüssigkeit waren kurios und anscheinend so wertlos nach modernen Begriffen! Ein Tropfen zwischen zwei Metallspitzen gebracht, nehme nach wenigen Minuten eine mathematisch absolut genaue Kugelform an. — Interessant — sehr interessant, daß es also einen Stoff gab, aus dem sich in praxi eine solch absolut genaue Form bilden ließ; — aber was weiter, das konnte doch unmöglich alles sein?

Es war auch nicht alles, und Hlavata Ohrringle, der ein Bücherwurm von Gottes Gnaden war, fand gar bald in einem zweiten Folianten den wundersamen Wert beschrieben. Wäre es möglich, hieß es dort ungefähr — eine in geometrischem Sinne korrekte Kugelrundung herzustellen — so würden sich Dinge darin sehen lassen, die jeden in höchstes Erstaunen versetzen müßten. Das ganze astrale Weltall — jenes geistige Weltall, das dem unserigen zugrunde liegt, wie der Handlung die Absicht, wie der Tat der Entschluß — könne sogar darin wahrgenommen werden, wenn auch zuweilen nur in symbolischer Form. Ein Kugelauge schaue eben nach allen erdenklichen Seiten hin bis in die entferntesten Tiefen des Weltalls und ordne nach uns unerkennbaren Gesetzen der Oberflächenspannung alle Spiegelbilder über- und nebeneinander.

Hlavata Ohrringle hatte alles vorbereitet, die Metallnadeln in einen Halter geschraubt, dazwischen den

Tropfen mit unsäglicher Mühe angebracht und konnte jetzt den Tagesanbruch kaum erwarten, um im Morgenlichte das Experiment zu beginnen. Ungeduldig schritt er auf und nieder oder warf sich in den Lehnstuhl, dann sah er wieder auf die Uhr: Erst viertel Fünf, Himmelsakra!

Er blätterte im Kalender, wann eigentlich die Sonne aufgehe. Gerade heute ein Marientag — und Marientage sind so bedeutsam.

Endlich schien es ihm hell genug; er nahm sein Vergrößerungsglas und betrachtete den Tropfen, der glitzernd zwischen den silbernen Nadelspitzen hing. —

Anfangs sah er nur die Spiegelbilder der Dinge, die sein Zimmer füllten, den Schreibtisch mit der gesternten Decke und den umhergestreuten Büchern, die weiße Kugel der Lampe und am Fensterriegel den alten Talar — auch einen kleinen Fleck rötlichen Himmels, wie er durch die Scheiben schimmerte. Aber bald überzog ein dunkles Grün die Oberfläche des Tropfens und verschlang alle diese Reflexe. — Gegenden bildeten sich aus Basaltfelsen, gähnenden Grotten und Höhlen — phantastisch langgezogenes Gestrüpp lauerte wie zum Schlag ausholend, und fremdartiges Baumkraut breitete durchsichtig glasgrüne Segelblätter aus.

Selbstleuchtend die ganze Landschaft —eine Szene der Tiefsee.

Ein länglich weißer Fleck trat hervor und wurde immer deutlicher und plastischer: eine Wasserleiche, ein nacktes Weib mit dem Kopfe nach abwärts, die Füße an adernartiges Geflecht gefesselt, hing in dem grünen Wasser.

Plötzlich löste sich ein farbloser Klumpen mit gestielten Augen und scheußlichem fadenumwachsenen Maule aus den Felsenschatten und schoß auf das Weib zu. Blitzartig folgte ihm ein zweiter.

So rasch hatte das erste Ungeheuer der Leiche den Leib aufgerissen und war selbst von dem anderen gespießt worden, daß Hlavata Ohrringle gar nicht mit den Augen folgen konnte. Vor Erregung stieß er einen Seufzer aus und beugte sich noch tiefer über seine Lupe. Doch sein Atem hatte das Bild bereits getrübt und alsbald zerrann es gänzlich. Keine Mühe, kein geduldiges Warten nützte, die Szene kehrte nicht zurück; und der Tropfen spiegelte nur die blendende Sonne wieder, die sich über den Dunst der rauchigen Häusergiebel hob.

II

Hlavata Ohrringle war mit sorgenschwerer Miene von einem Vororte zurückgekehrt und sammelte seine Gedanken. Er hatte dort einen alten Rosenkreuzer, einen gewissen Eckstein, aufgesucht und um Rat gefragt. —

Eckstein, nachdem er lange zugehört, war in die Worte ausgebrochen: „Dies ist ein Mysterium von unerhörter Tiefe. Ich war nämlich der allererste, der den Querschnitt solcher Wahrnehmungen in den Schriften des Kabbalisten Rabbi Gikatilla, natürlich in verborgener Form, wieder fand. Was Basilius Valentin in seinem Traktate ‚der Triumphwagen des Antimonii‘ S. 712 darüber sagt, ist lediglich symbolisch oder anagogisch, das heißt nur dem faßlich, dessen Seele in die Tiefe der Gottheit herabgetaucht ist.“ — Und wenn sich Hlavata Ohrringle für Visionen in glänzenden Gegenständen interessiere, so sei am geeignetsten dazu eine japanische Kristallkugel. Wohl befänden sich augenblicklich alle, die bisher nach Europa gekommen, in den Händen eines finsteren schwarzen Magiers namens Fahlendien, in Wien. — Die genaueste Auskunft über das gesehene Bild könne aber jedenfalls ein in Berlin lebender irrsinniger Maler namens Christophe geben — wenn er wolle.

All das konnte Ohrringle natürlich nicht genügen, und er machte Tag um Tag neue Experimente mit der Flüssigkeit.

Seine Versuche blieben in der Stadt kein Geheimnis und bildeten das Tagesgespräch. Lächerlich — so hieß es — lächerlich das ganze; wie könne man in einem Kugelspiegel alle Dinge sehen. Die meisten

Dinge lägen doch im Weltraume hintereinander, und eines mache dadurch das andere unsichtbar.

Das schien allen sehr einleuchtend, und um so erstaunter war man, als man in einer auswärtigen Zeitung die ganz entgegengesetzte Meinung eines englischen Forschers las, — die dahin ging, daß es theoretisch gar wohl möglich sei, sogar durch Mauern und verschlossene Kasten hindurch zu sehen; man möge doch nur an die Röntgenstrahlen denken — gegen welche z. B. bloß Bleiplatten Schutz gewährten. — Jeder Gegenstand auf der Welt sei im Grunde genommen doch nichts anderes, so zu sagen, als ein feines Sieb aus wirbelnden Atomen gebildet, und wenn man die richtige Strahlenart fände, gäbe es eben auch kein Hindernis für seine Durchleuchtung.

Dieser Zeitungsartikel rief besonders in behördlichen Kreisen Erregung hervor. — Ganz eigentümliche „Reservaterlässe" sickerten ins Publikum: — von den Diplomaten seien z. B. Befehle an die Attachés ergangen, daß sämtliche Akten — augenblicklich in Bleikassetten zu versperren seien; es werde ferner eine gründliche Reorganisation auch der Provinzpolizei ins Auge gefaßt, — ja man sei zur Hebung der „Geheimpolizei" bereits mit Rußland in Verbindung getreten, um von dort eine Menge Bluthunde — im Tausche gegen überzählige Schweinehunde des Inlandes — einzuführen; — und dergleichen mehr.

Natürlich wurde Hlavata Ohrringle streng überwacht, — um so strenger, je zufriedener er auf seinen Spaziergängen aussah; und als er eines Tages mit geradezu strahlender Miene auf der Esplanade erschien, — beschloß man behördlicherseits, auf das rücksichtsloseste vorzugehen, zumal man gar wohl in Erfahrung gebracht, — daß er immer nur lächle, wenn von Diplomaten die Rede sei, ja sogar einmal — befragt, was er von der Kunst der Diplomatie halte — geantwortet habe: kein Schwindel könne sich auf die Dauer halten.

— — — — — — — — — — — —

— — — — — — — — — — — —

Und eines Tages — es war wieder ein Marientag — wurde Hlavata Ohrringle — gerade als er bei seinem geheimnisvollen Tropfen saß — verhaftet und unter der Anschuldigung des mehrfachen Muttermordes in Gewahrsam gesteckt.

Die seltsame Flüssigkeit aber wurde eingezogen und zur Prüfung den Gerichtschemikern überwiesen.

— — — — — — — — — — —

Man kann darüber nur hoch erfreut sein, denn fraglos muß jetzt die Wahrheit über die Diplomaten voll und ganz ans Tageslicht kommen.

— Chüm — ans Tageslicht kommen. —

Bocksäure

Malaga ist wunderschön.

Aber heiß.

Die Sonne prasselt den ganzen Tag auf die steilen Hügel und reift den Wein, der auf natürlichen Terrassen wächst. —

— — — — — — — — — — —

In der Ferne auf blauem stillem Meer die weißen Segel, sie ziehen wie Möwen. — — —

Die dicken Mönche dort oben im Kloster Alkazaba sind stolz geworden und reich — vom Guindre, den nur Herzöge trinken.

Wer kennt nicht den Guindre vom Kloster Alkazaba?! — — So feurig, so süß, so schwer; — — man spricht von ihm in ganz Spanien. —

Doch nur die Erlesenen des Landes gießen ihn in die schimmernden Gläser; ist er doch kostbar gleich trinkbarem Gold.

Weiß steht das Kloster in den nachtblauen Schatten, hoch über der Stadt von blendenden Strahlen beschienen. — —

Vor Jahren waren die Brüder so arm, daß sie betteln gingen und die Malagueños segneten, die ihnen spärliche Almosen gaben: Milch, Gemüse, Eier.

Dann kam der neue Abt Padre Cesáreo Ocáriz, der milde, und brachte das irdische Glück.

Zufrieden und rund wie eine Kugel, verbreitete er frohen Sinn, wohin er ging.

Die schlanken Mädchen aus den Dörfern strömten zu ihm, wenn er die Beichte abnahm. — Wie sie ihn

liebten! — Hatte er doch für die heißesten Küsse so milde Buße. — — — — — — — —
— — — — — — — — — — — —
— — — Balsa war gestorben, der Weinbauer, und hatte sein kleines Gut, das an den Klostergarten stieß, den Fratres verschrieben, weil ihm der Trost des guten Abtes die letzten Stunden gar so leicht gemacht. — — — — —

Padre Ocáriz segnete des Toten Vermächtnis. — Er schlug die Heilige Schrift auf und wies den Mönchen das Gleichnis vom Weinberg. — Und die Brüder gruben und gruben, daß die Schollen schwarz glänzten in dem glühenden Sonnenlicht und die Eseltreiber auf den staubigen Wegen verwundert stehen blieben. —

— — — Ja, damals ging es noch, da waren die Fratres noch mager und jung, und ihre emsigen Hände achteten nicht der schmerzenden Schwielen.

Im Schatten saß der Abt in seinem alten Lehnstuhl und warf Brotkrumen den hellen Tauben zu, die in den Klosterhof geflogen kamen.

Sein rundes, rotes Gesicht glänzte zufrieden und nickte ermunternd, wenn einer der fleißigen innehielt und sich den Schweiß von der Stirne wischte. — Zuweilen klatschte er auch drohend in die fleischigen Hände, hatte sich irgend ein spanischer Lausbub zu nahe an die Gartenhecke gewagt.

— — — Und war die Vesperglocke verklungen, und wehte die Abendbrise ihren kühlen milden Segen her vom Meere, saß er oft noch lange unter dem Maulbeerbaum und sah hinaus auf die spielenden Wellen da unten in der Bucht. —

Wie die sinkenden Strahlen der Sonne an die flimmernden Kämme sich schmiegen, sich ihnen vermischen zu leuchtendem Schaum, — da wird es so friedvoll, und die dunkelnden Täler warten und schweigen. — — —

Dann ließ er sich wohl auch den alten Manuel kommen, den Gärtner des Kaufherrn Otero, der die Geheimnisse des Weinbaues kannte wie kein zweiter im Lande, und hörte ihm zu. — Und die Blätter des Maulbeerbaumes rauschten besorgt, als wollten sie die leisen Worte verwehen, daß sie kein Unberufener hörte. —

Kopfschüttelnd vernahm da der gute Abt, daß man verwitterte Lederstücke, je schmutziger desto besser, in den gärenden Most tun müsse, um das Aroma zu erhöhen, und sah dem Alten forschend in das gefurchte Gesicht, ob er auch die Wahrheit spräche. —

Wurde es dunkel, und war die Sonne hinter den grünen Hügeln versunken, so sagte er einfach: „Gehe nun heim, mein Sohn, ich danke dir. Siehe, da fliegen schon die Schwalben des Teufels." Damit meinte er die Fledermäuse, die er nicht leiden konnte. „Und der Segen der Jungfrau sei auf deinen Wegen." —

— — — — — — — — — — —

Dann kam die blaue schweigende Nacht mit ihren tausend freundlichen Augen, und Funken glommen im schlummernden Hafen.

— — — — — — — — — — —

Schwer hingen die Trauben an den Stöcken, jahraus, jahrein. —

Wie der junge stürmische Wein im Keller tobte, als müsse er fort aus dem Dunkel, hinaus ins Freie, wo er geboren! — — — — —

— — — Es waren bloß wenige Fässer, und die Mönche murrten, daß die Früchte der harten Arbeit so spärlich seien. — — —

— — — Padre Cesáreo Ocáriz sagte kein Wort, schmunzelte nur listig, wenn das Botenweib kam und die Briefe der Kaufherren brachte, — blaue, rote, grüne, — mit Wappen und krauser Schrift aus allen Gegenden Spaniens. —

Als aber ein Sendschreiben eintraf vom Hofe, mit dem Siegel des Königs, da blieb es kein Geheimnis mehr:

Der Klosterwein von Alkazaba war die Perle von Malaga geworden. — Wie den Purpur des Altertums — kostbar — wog man ihn mit Gold auf, und sein Duft wurde gepriesen in Lied und Sang.

Herrscher tranken ihn und hohe Frauen, — und küßten die Tropfen vom Rande des Bechers.

Der Reichtum zog ins Kloster, und wie der Keller sich leerte vom Wein, füllten sich die Schreine mit prunkenden Schätzen.

Die herrliche Kapelle erstand an Stelle der alten, und eine mächtige silberne Glocke „del Espiritu Santo" sang das Lob des Herrn, daß es in heiliger Weihe über den Tälern klang. —

— — — Die Fratres sahen freundlich, wurden dick und rund und saßen gemächlich auf den steinernen Bänken. —

Mit dem Graben war es schon lange nichts mehr.

Doch die Trauben wuchsen nach wie vor, — ganz wie von selbst. Und das war den Mönchen recht.

Die aßen und tranken; nur einmal im Jahre zogen sie — wie zum Feste — mit ihrem Abt in den Keller, wenn der Most gärte, und sahen blinzelnd zu, wie er in jedes Faß einen halben alten Stiefel warf. — Das war das ganze Geheimnis, wie sie meinten, und sie freuten sich mit dem frommen Alten, der für diesen feierlichen Moment immer seine eigenen Schuhe sorgfältig aufhob und sie selber zerschnitt. —

— — — Der greise Manuel hatte ihnen wohl oft erklärt, daß es eigentlich ein Wunder sei, daß das Leder allein die Ursache der so besonderen Güte des Weins nicht sein könne. Leder lege doch jeder dritte Weinbauer in Malaga in seinen Most, während er gäre. — Es müsse also wohl nur der segensreiche Boden des Erbstückes sein. — —

Aber was kümmerte all' das die Brüder: — die Sonne schien, die Trauben wuchsen, und der Hoflieferant aus Madrid kam pünktlich Jahr für Jahr, holte die Fässer und brachte das Geld.

— — — — — — — — — — — —

— — — An einem klaren Herbsttage war Padre Ocáriz in seinem Sessel unter dem Maulbeerbaum eingeschlafen und nicht mehr aufgewacht. —

Im Tale unten läuteten die Glocken. —

Jetzt ruht er draußen im Acker Gottes. —

Ein grünes, schlichtes, kühles Erdenbett! —

Neben den toten Äbten schläft er nun. — — Und die maurische Ruine auf dem Gipfel des Hügels wirft ihren stillen, ehrwürdigen Schatten auf sein Grab. — Viele kleine dunkelblaue Blumen und eine schmale Steintafel: „Requiescat in pace."

— — — — — — — — — — —

— — — — — — — — — — —

Der Kardinal von Saragossa hat einen jungen Abt geschickt. —

Padre Ribas Sobri. —

Ein sehr gelehrter Mann von tiefem Wissen, — erzogen in den Schulen der Fratres vom Herzen Jesu.

Mit festem, stechenden Blick, — hager und willensstark. — —

Vorbei sind die Zeiten süßen Nichtstuns, — die Knechte entlassen, — und ächzend bücken sich wieder die feisten Mönche bei der Weinlese. — Tief in die Nacht müssen sie auf den Knieen liegen und beten, beten.

Im Kloster herrscht die strenge Observanz: — bleiernes Schweigen. — Gesenkten Hauptes, aufrecht stehend, mit gefalteten Händen üben murmelnd die Fatres die „Anmutungen":

Non est sanitas in carne mea a facie irae tuae: non est pax ossibus meis a facie peccatorum meorum. — —

Auf dem Hofe wächst das Gras zwischen den Steinen, und die weißen Tauben sind fortgeflogen. Aus kahlen Zellen dringt die gramvolle „Betrachtung der Strafen":

Unusquisque carnem brachii sui vorabit. —

Wenn der kalte Morgen schimmert, siehst du die dunkeln Gestalten zur Kapelle ziehen, und summende Stimmen beten bei flackerndem Kerzenschein das Salve Regina.

— — — — — — — — — — —

Die Weinlese ist vorüber. — Streng befolgt Don Pedro Ribas Sobri die Rezepte seines toten Vorgängers: seine eigenen Schuhe wirft er in die offenen Fässer, genau wie jener. — — Es hallt in dem gewölbten Keller, wie der süße Wein gärt und kämpft. —

Der König wird zufrieden sein mit dem Guindre. —

— — — — — — — — — — —

Die schönen Mädchen kommen nicht mehr und beichten nicht mehr. — Sie fürchten sich. —

Schwer lastet die Scheu, — wortlos wie der mürrische Winter, der seine harten Hände auf die toten Fluren legt. — — — — Und der Frühling zieht vorüber und der tanzende junge Sommer — — und locken umsonst.

Verdrossen laden die Maultiertreiber um halben Lohn die schweren Fässer in die Leiterkarren.

— — — — — — — — — — —

Don Pedro Ribas liest und zieht finster die Stirn: „— der ehrwürdige Vater muß sich wohl geirrt und anderen Wein geschickt haben. — Das sei doch nicht der alte Guindre, — gewöhnlicher ‚Dulce del Color', wie jede andere Sorte aus Malaga," schreibt man aus der Hauptstadt.

Täglich kommen die Sendungen zurück. Volle Fässer. Aus Lissabon, aus Madrid, aus Saragossa. — — —

Der Abt kostet, — kostet — und vergleicht. Kein Zweifel, — es fehlt der fremdartige würzige Duft.

Man holt den greisen Manuel, — der prüft und zuckt traurig die Achseln.

Ja, ja, der gute, alte Don Cesáreo, der hatte eine glückliche Hand; mehr Segen als der junge Padre. — Doch das darf man nicht laut sagen; — die Mönche raunen es einander zu. —

— — — — — — — — — — —

Don Pedro sitzt Nacht um Nacht in seiner Zelle bei seltsamen Retorten, und der Kerzenschein wirft den Schatten seines scharf geschnittenen Profils an die kalkweiße Wand. — Seine langen mageren

Finger hantieren an funkelnden Gläsern mit häßlichen, dünnen Hälsen. — Abenteuerliche Werkzeuge und Kolben stehen umher. — Ein spanischer Alchimist! —

Vergessen die Observanz, — — — die ermatteten armen Mönche schlafen tief und fest. — — — —

Das tut nicht gut! — Mit weißen Pulvern und den gelben beißenden Wässern Lucifers findest du nicht, was die schweigsame Natur in verschlossene Bücher schrieb mit heimlichem Finger. — — —

Die Herzöge werden ihn wohl nie mehr trinken, den herrlichen, duftenden Guindre! — — —

Wieder stehen die Fässer in Reih und Glied mit gärendem Moste gefüllt. In jedem Gebinde ein anderer zerschnittener Stiefel, — der von dem dicken Bruder Theodosio, — dort einer selbst vom alten Manuel. —

Vom toten Abt noch einer dort im Fasse links in der Ecke. — — — — — — — —

Und wieder kommt das andere Jahr, man kostet und prüft: gut ist der Wein, aber Guindre ist es nicht; — ein Faß nur birgt solchen.

Das in der Ecke mit dem Schuh des alten Abtes.

Das schicket dem König! — — — — —

Pedro Ribas Sobri ist ein willensstarker Mann, der nicht aufhört zu suchen, zu prüfen, zu vergleichen. — Er sagt, jetzt endlich kenne er das Geheimnis. — Die Mönche schweigen und zweifeln. — Sie fragen nicht und tun blind, was ihr Abt befiehlt, — sie kennen seine eiserne Strenge.

Manuel schüttelt den Kopf.

— — — — — — — — — — —

Die Knechte sind wieder in Diensten des Klosters, graben und wenden die schwarzen Schollen und schneiden den Weinstock, daß die Fratres keinen Finger rühren sollen, wieder feist und rund werden, wie ehedem. —

So will es der Abt.

— — — Wenn die glühenden Strahlen der Sonne unbarmherzig den Klosterhof von Alkazaban sengen, daß der Maulbeerbaum lechzend die Zweige hängt, stehen die braunen Mädchen in den farbigen Mantillas an der Hecke und recken den Hals und kichern.

— — — In langer Reihe müssen die armen Mönche auf hölzernen Bänken liegen — schwitzend — mit schweren wollenen Kutten in der quälenden Glut, — die dicken Füße in hohe Stiefel gesteckt und mit breitem Band aus Gummistoff umflochten. — —

Denn Pedro Ribas Sobri hat sich gelobt, den Guindre wieder zu finden; er ist ein willensstarker Mann, der nicht aufhört zu suchen, zu prüfen, zu vergleichen. —

Ich aber sage, es ist alles umsonst, wenn der Wein auch besser wird: dem alten Abt tut es doch keiner mehr gleich. —

Die schwarze Kugel

Anfangs sagenhaft — gerüchtweise — ohne Zusammenhang drang aus Asien die Nachricht in die Zentren westlicher Kultur, daß in Sikkhim — südlich vom Himalaja — von ganz ungebildeten, halbbarbarischen Büßern — sogenannten Gosains — eine geradezu fabelhafte Erfindung gemacht worden sei.

Die anglo-indischen Zeitungen meldeten zwar auch das Gerücht, schienen aber schlechter als die russischen informiert, und Kenner der Verhältnisse staunten hierüber nicht, da bekanntlich Sikkhim allem, was englisch ist, mit Abscheu aus dem Wege geht. —

Das war wohl auch der Grund, weshalb die rätselhafte Erfindung auf dem Umwege Petersburg—Berlin nach Europa drang.

Die gelehrten Kreise Berlins waren fast vom Veitstanz ergriffen, als ihnen die Phänomene vorgeführt wurden.

Der große Saal, der sonst nur wissenschaftlichen Vorträgen diente, war dicht gefüllt.

In der Mitte, auf einem Podium, standen die beiden indischen Experimentatoren: der Gosain Deb Schumscher Dschung, das eingefallene Gesicht mit heiliger weißer Asche bestrichen, und der dunkelhäutige Brahmane Radschendralalamitra, — als solcher durch die dünne Baumwollschnur kenntlich, die ihm über die linke Brusthälfte hing.

An Drähten von der Saaldecke herab waren in Mannshöhe gläserne, chemische Kochkolben befestigt, in denen sich Spuren eines weißlichen Pulvers befanden. Leicht explodierbare Stoffe, vermutlich Jodide, wie der Dolmetsch angab.

Unter lautloser Stille des Auditoriums näherte sich der Gosain einem solchen Kochkolben, band eine dünne Goldkette um den Hals des Glases und knüpfte die Enden dem Brahmanen um die Schläfen. — Dann trat er hinter ihn, erhob beide Arme und murmelte die Mantrams — Beschwörungsformeln — seiner Sekte. —

Die beiden asketischen Gestalten standen wie Statuen. Mit jener Regungslosigkeit, die man nur an arischen Asiaten sieht, wenn sie sich ihren religiösen Meditationen hingeben.

Die schwarzen Augen des Brahmanen starrten auf den Kolben. Die Menge war wie gebannt. —

Viele mußten die Lider schließen oder wegsehen, um nicht ohnmächtig zu werden. — Der Anblick solcher versteinerter Gestalten wirkt wie hypnotisierend, und mancher fragte flüsternd seinen Nebenmann, ob es ihm nicht auch scheine, als ob das Gesicht des Brahmanen manchmal wie in Nebel getaucht sei. —

Dieser Eindruck wurde jedoch nur durch den Anblick des heiligen Tilakzeichens auf der dunklen Haut des Inders erweckt, — ein großes weißes U, das jeder Gläubige als Symbol Vishnus des Erhalters auf Stirne, Brust und Armen trägt.

Plötzlich blitzte in dem Glaskolben ein Funken auf, der das Pulver zur Explosion brachte. — Einen Augenblick: Rauch, dann erschien in der Flasche eine indische Landschaft von unbeschreiblicher Schönheit. — Der Brahmane hatte seine Gedanken projiziert! —

Es war der Tadsch Mahal von Agra, jenes Zauberschloß des Großmoguls Aurungzeb, in dem dieser vor Jahrhunderten seinen Vater einkerkern ließ.

Der Kuppelbau aus bläulichem Weiß wie Kristallschnee — mit schlanken Seitenminaretts — in einer Pracht, die den Menschen auf die Knie zwingt, warf sein Spiegelbild auf den endlosen schimmernden Wasserweg zwischen traumgeschmiegten Zypressen. —

Ein Bild, das dunkles Heimweh weckt nach ver-

gessenen Gefilden, die der Tiefschlaf der Seelen-
wanderung verschlungen. — — — — — —

— — — — — — — — — — —

Stimmengewirr der Zuschauer, ein Staunen und Fragen. — Die Flasche wurde losgewickelt und ging von Hand zu Hand.

Monatelang halte sich so ein fixiertes plastisches Gedankenbild, übersetzte der Dolmetsch, zumal es der immensen stetigen Vorstellungskraft Radschendralalamitras entsprungen sei. — Projektionen europäischer Gehirne dagegen hätten nicht annähernd solche Farbenpracht und Dauer.

Viele ähnliche Experimente wurden noch gemacht, bei denen teils wieder der Brahmane, teils einer oder der andere der berufensten Gelehrten die Goldkette um die Schläfen knüpfte.

Klar wurden eigentlich nur die Vorstellungsbilder der Mathematiker; — recht sonderbar fielen hingegen die Resultate aus, die den Köpfen juridischer Kapazitäten entsprangen. — Allgemeines Staunen aber und Kopfschütteln bewirkte die angestrengte Gedankenprojektion des berühmten Professors für innere Medizin, Sanitätsrats Mauldrescher. — Sogar den feierlichen Asiaten blieb der Mund offen: Eine unglaubliche Menge kleiner mißfarbener Brocken, dann wieder ein Konglomerat verschwommener Klumpen und Zacken war in dem Versuchskolben entstanden.

„Wie italienischer Salat,“ sagte spöttisch ein Theologe, der sich vorsichtshalber gar nicht an den Experimenten beteiligt hatte.

Besonders der Mitte zu, wo sich bei wissenschaftlichen Gedanken die Vorstellungen über Physik und Chemie niederschlagen, wie der Dolmetsch betonte, — war die Materie gänzlich versulzt.

Auf Erklärungen, wieso und wodurch die Phänomene eigentlich zustande kämen, ließen sich die Inder nicht ein. „Später einmal, — später“ — sagten sie in ihrem gebrochenen Deutsch. — — — —

— — — — — — — — — — —

Zwei Tage darauf fand wieder eine Vorführung der Apparate — diesmal halbpopulär — in einer andern europäischen Metropole statt.

Wieder die atemlose Spannung des Publikums und dieselben bewundernden Ausrufe, als zuerst unter der Einwirkung des Brahmanen ein Bild der seltsamen tibetanischen Festung Taklakot erschien.

Abermals folgten die mehr oder weniger nichtssagenden Gedankenbilder der Stadtgrößen.

Die Mediziner lächelten nur überlegen, waren jedoch diesmal nicht zu bewegen, in die Flasche — hineinzudenken.

Als endlich eine Gesellschaft Offiziere näher trat, machte alles respektvoll Platz. — Na selbstverständlich! — — — —

„Gustl, was meinst, denk du amol wos," sagte ein Leutnant mit gefettetem Scheitel zu einem Kameraden.

„Ah, — i nót, mir is vüll z'vüll Ziwüll do."

„Na aber ich bidde, ich bidde, doch einer von die Herren — — — — — — — — —" forderte gereizt der Major auf.

Ein Hauptmann trat vor: „Só, Dolmetscher, kann ma sich a wos Idealls denken? I wüll ma wos Idealls denken!"

„Was wird es denn sein, Herr Hauptmann?" („Auf den Zwockel bin ich neugierig," schrie einer aus der Menge.)

„No," sagte der Hauptmann, „no, — i wier halt an die ehrenrädddlichen Vurschriften denken!"

„Hm." Der Dolmetsch strich sich das Kinn. „Hm, — ich — hm, ich denke, Herr Hauptmann — hm, — dazu — hm — sind die Flaschen vielleicht doch nicht widerstandsfähig genug."

Ein Oberleutnant drängte sich vor. „Alsdann laß mich, Kamerad."

„Ja, ja, laßt's 'n Katschmatschek," schrieen alle. „Dös is a scharfer Denker."

Der Oberleutnant legte sich die Kette um den Kopf.

— „Bitte“ (— verlegen reichte ihm der Dolmetsch ein Tuch —) „bitte: . . . Pomade isoliert nämlich.“ —

Deb Schumscher Dschung, der Gosain mit seinem roten Lendentuch und dem weißgetünchten Gesicht, trat hinter den Offizier. — Er sah diesmal noch unheimlicher aus als in Berlin.

Dann hob er die Arme. — — — — — —

Fünf Minuten — — — — — —

Zehn Minuten — — nichts.

Der Gosain biß vor Anstrengung die Zähne zusammen. Der Schweiß lief ihm in die Augen.

Da! — Endlich. — — Das Pulver war zwar nicht explodiert, aber eine sammetschwarze Kugel, so groß wie ein Apfel, schwebte frei in der Flasche. —

„Dös Werkl spüllt nimmer,“ entschuldigte sich verlegen lächelnd der Offizier und trat vom Podium herab. — — Die Menge brüllte vor Lachen. —

Erstaunt nahm der Brahmane die Flasche — — Da! — Wie er sie bewegte, berührte die innen schwebende Kugel die Glaswand. Sofort zersprang diese, und die Splitter, wie von einem Magnet angezogen, flogen in die Kugel, um darin spurlos zu verschwinden.

Der sammetschwarze runde Körper schwebte unbeweglich frei im Raum. —

Eigentlich sah das Ding gar nicht wie eine Kugel aus und machte eher den Eindruck eines gähnenden Loches. — Und es war auch gar nichts anderes als ein Loch. —

Es war ein absolutes: — ein mathematisches „Nichts“! —

Was dann geschah, war nichts als die notwendige Folgeerscheinung dieses „Nichts“. — Alles an dieses „Nichts“ angrenzende stürzte naturnotwendig hinein, um darin augenblicklich ebenfalls zu „Nichts“ zu werden, d. h. spurlos zu verschwinden.

Wirklich entstand sofort ein heftiges Sausen, das immer mehr und mehr anschwoll, denn die Luft im Saale wurde in die Kugel hineingesaugt. — — —

Kleine Papierschnitzel, Handschuhe, Damenschleier — alles riß es mit hinein. —

Ja, als ein Offizier mit dem Säbel in das unheimliche Loch stieß, verschwand die Klinge, als ob sie abgeschmolzen wäre. —

„Jetzt dös geht zu weit“, rief der Major bei diesem Anblick, „dös kann i nöt dulden. Geh' mer, meine Herren, geh' mer. Bidddе, — ich bidddе.“ —

„Was host dir denn denkt, eigentlich, Katschmatschek?“ fragten die Herren beim Verlassen des Saales.

„I? — No — — — — wos ma sich halt a so denkt.“

— — — — — — — — — — —

Die Menge, die sich das Phänomen nicht erklären konnte und nur das schreckliche, immer mehr anwachsende Sausen hörte, drängte angsterfüllt zu den Türen.

Die einzigen Zurückbleibenden waren die beiden Inder.

„Das ganze Universum, das Brahma schuf, Vishnu erhält und Siva zerstört, wird nach und nach in diese Kugel stürzen,“ sagte feierlich Radschendralalamitra, „— das ist der Fluch, daß wir nach Westen gingen, Bruder!“

— — — — — — — — — — —

„Was liegt daran,“ murmelte der Gosain, „einmal müssen wir alle ins negative Reich des Seins.“

Der Schrecken

Die Schlüssel klirren, und ein Trupp Sträflinge betritt den Gefängnishof. — Es ist zwölf Uhr, und sie müssen im Kreise herumgehen, um Luft zu schöpfen, paarweise — einer hinter dem andern. —

Der Hof ist gepflastert. Nur in der Mitte ein paar Flecken dunkles Gras wie Grabhügel. — Vier dünne Bäume und eine Hecke aus traurigem Liguster.

Ringsum alte gelbe Mauern mit kleinen, vergitterten Kerkerfenstern.

Die Sträflinge in ihren grauen Zuchthauskleidern, sie reden kaum und gehen immer im Kreise herum — einer hinter dem andern. — Fast alle sind krank: Skorbut, geschwollene Gelenke. — Die Gesichter grau wie Fensterkitt, die Augen erloschen. Mit freudlosem Herzen halten sie gleichen Schritt.

Der Aufseher mit Säbel und Mütze steht an der Hoftüre und starrt vor sich hin. —

Längs der Mauern ist nackte Erde. — Dort wächst nichts: das Leid sickert durch die gelben Wände.

„Lukawsky war eben beim Präsidenten," ruft ein Gefangener den Sträflingen durch sein Kerkerfenster halblaut zu. — Der Trupp marschiert weiter. — „Was ist's mit ihm?" fragt ein Neuling seinen Nebenmann.

„Lukawsky, der Mörder, ist zum Tode verurteilt durch den Strang, und heute, glaub' ich, soll sich's entscheiden, ob das Urteil bestätigt wird oder nicht. Der Präsident hat ihm die Bestätigung des Urteils auf dem Amtszimmer verlesen. — Der Lukawsky hat kein Wort gesagt, nur getaumelt hat er. — Aber draußen hat er mit den Zähnen geknirscht und einen Wutanfall bekommen. — Die Aufseher haben ihm die Zwangsjacke angelegt und ihn mit Gurten auf die Bank geschnallt, daß er kein Glied rühren kann bis morgen früh. — Und ein Kruzifix haben sie ihm hingestellt." — Bruchstückweise hatte der Gefangene den Vorbeimarschierenden dies zugerufen. —

„Auf Zelle Nr. 25 liegt er, der Lukawsky," sagt einer der ältesten Sträflinge. — Alle blicken zum Gitterfenster Nr. 25 hinauf. —

Der Aufseher lehnt gedankenlos am Tor und stößt mit dem Fuß ein Stück altes Brot beiseite, das im Wege liegt. —

— — — — — — — — — — —

In den schmalen Gängen des alten Landesgerichtes liegen die Kerkertüren dicht nebeneinander. — Niedrige Eichentüren, in das Mauerwerk eingelassen, mit Eisenbändern und mächtigen Riegeln und Schlössern. — Jede Tür hat einen vergitterten Ausschnitt, kaum eine Spanne im Geviert. Durch diese ist die Neuigkeit gedrungen und läuft längs der Fenstergitter von Mund zu Mund: „Morgen wird er gehenkt!" —

Es ist still auf den Gängen und im ganzen Hause, und doch herrscht ein feines Geräusch. Leise, unhörbar. Nur zu fühlen. — Durch die Mauern dringt es und spielt in der Luft, wie Mückenschwärme. — Das ist das Leben, das gebundene, gefangene Leben!

Mitten im Hauptgang, dort wo er weiter wird, steht eine alte leere Truhe ganz im Dunkeln.

Lautlos, langsam hebt sich der Deckel. — Da fährt es wie Todesfurcht durchs ganze Haus. — Den Gefangenen bleibt das Wort im Munde stecken. — Auf den Gängen kein Laut mehr, — daß man das Schlagen des Herzens hört und das Klingen im Ohr. —

Die Bäume und Sträucher auf dem Hofe rühren kein Blatt und greifen mit herbstlichen Ästen in die trübe Luft. — Es ist, wie wenn sie noch dunkler geworden wären. —

Der Trupp Sträflinge ist stehen geblieben wie auf einen Wink: Hat nicht jemand geschrien? —

Aus der alten Truhe kriecht langsam ein scheußlicher Wurm. — Ein Blutegel von gigantischer Form. — Dunkelgelb mit schwarzen Flecken, saugt er sich die Zellen entlang am Boden hin. — Bald dick werdend, dann wieder dünn, bewegt er sich vorwärts und tastet und sucht. — Am Kopfe seitlich in jeder Höhle starren fünf aneinandergequetschte Augäpfel, — ohne Lider und unbeweglich. — Es ist der Schrecken. —

Er schleicht sich zu den Gerichteten und saugt ihnen das warme Blut aus — unterhalb der Kehle, dort wo die große Ader das Leben vom Herzen zum Kopfe trägt. — Und umschlingt mit seinen schlüpfrigen Ringen den warmen Menschenleib. — — —

Jetzt ist er zur Zelle des Mörders gekommen. —

Ein langes grauenhaftes Schreien, ohne Unterbrechung, wie ein einziger nicht endender Ton, dringt auf den Hof. —

Der Aufseher am Türposten fährt zusammen und reißt den Torflügel auf. — „Alle, marsch hinauf, auf die Zellen," schreit er, und die Gefangenen laufen an ihm vorbei, ohne ihn anzusehen, die steinernen Treppen hinauf. — Trapp, trapp, trapp — mit plumpen, genagelten Schuhen.

Dann ist es wieder still geworden. — Der Wind fährt in den öden Hofraum hinunter und reißt eine alte Dachluke ab, die klirrend und splitternd auf die schmutzige Erde fällt. — — —

Der Verurteilte kann nur den Kopf bewegen. — Er sieht die weiß getünchten Kerkerwände vor sich. — Undurchdringlich. — Morgen früh um sieben Uhr werden sie ihn holen. — Noch achtzehn Stunden bis dahin. — Und sieben Stunden, dann kommt die Nacht. — — — Bald wird Winter sein, und das Frühjahr kommt und der heiße Sommer. — Dann wird er aufstehen — früh — schon in der Dämmerung —, und auf die Straße gehen, den alten Milchkarren ansehen und den Hund davor .. Die Freiheit —! Er kann ja tun, was er will. —

Da schnürt es ihm wieder die Kehle: — wenn er

sich nur bewegen könnte, — verflucht, verflucht, verflucht — und mit den Fäusten an die Mauern schlagen. — Hinaus! — — — Alles zerbrechen und in die Riemen beißen. — Er will jetzt nicht sterben — will nicht — will nicht! — Damals hätten sie ihn hängen dürfen, als er ihn ermordet hat, — den alten Mann, — der schon mit einem Fuß im Grabe stand. — — — Jetzt hätte er es doch nicht mehr getan! — — — Der Verteidiger hat das nicht erwähnt. — Warum hat er es den Geschworenen nicht selbst zugerufen?! — Sie hätten dann anders geurteilt. — Er muß es jetzt noch dem Präsidenten sagen. — Der Aufseher soll ihn vorführen. — Jetzt gleich. — — — — — Morgen früh ist's zu spät, da hat der Präsident die Uniform an, und er kann nicht so dicht an ihn heran. — Und der Präsident würde ihn nicht anhören. — Dann ist's zu spät, man kann die vielen Polizeileute nicht mehr wegschicken. — Das tut der Präsident nicht. — — —

Der Henker legt ihm die Schlinge über den Kopf, — er hat braune Augen und sieht ihm immer scharf auf den Mund. — Sie reißen an, alles dreht sich — halt, halt — er will noch etwas sagen, etwas Wichtiges. — — —

Ob der Aufseher kommen wird und ihn heute noch losbinden von der Bank? — Er kann doch nicht so liegen bleiben die ganzen achtzehn Stunden. — Natürlich nicht, der Beichtvater muß doch noch kommen, so hat er es immer gelesen. Das ist Gesetz. — Er glaubt an nichts, aber nach ihm verlangen wird er, es ist sein Recht. — Und den Schädel wird er ihm einschlagen, dem frechen Pfaffen, mit dem steinernen Krug dort. — — — — — Die Zunge ist ihm wie gedörrt. — Trinken will er — er ist durstig. — Himmel, Herrgott! — Warum geben sie ihm nichts zu trinken! — Er wird sich beschweren. — Er wird vortreten und sich beschweren, wenn die Inspektion nächste Woche kommt. — Er wird es ihm schon eintränken, — dem Aufseher, — dem verfluchten Hund! — Er wird solange schreien, bis sie kommen und ihn losbinden, immer lauter und lauter, daß die Wände einstürzen. — Und dann liegt er unter freiem Himmel, ganz hoch oben, daß sie ihn nicht finden können, wenn sie um ihn herum gehen und ihn suchen. — — — — — — — — — — — — — — Er muß irgendwo herabgefallen sein, deucht ihm, — es hat ihm einen solchen Ruck gegeben durch den Körper. —

Sollte er geschlafen haben? — Es ist dämmerig. —

Er will sich an den Kopf greifen: seine Hände sind festgebunden. — — Vom alten Turme dröhnt die Zeit — eins, zwei — wie spät mag's sein? — Sechs Uhr. — Herrgott im Himmel, nur noch dreizehn Stunden, und sie reißen ihm den Atem aus der Brust. — Hingerichtet soll er werden, erbarmungslos — gehenkt. — Die Zähne klappern ihm vor Kälte. — Etwas saugt ihm am Herzen, er kann es nicht sehen. — Dann steigt es ihm schwarz ins Gehirn. — Er schreit und hört sich nicht schreien, — alles schreit in ihm, die Arme, die Brust, die Beine, — der ganze Körper, — ohne Aufhören, ohne Atemholen. — — —

— — — — — — — — — — — —

An das offene Fenster des Amtszimmers, das einzige, das nicht vergittert ist, tritt ein alter Mann mit weißem Bart und einem harten, finstern Gesicht und sieht in den Hofraum hinab. Das Schreien stört ihn, er runzelt die Stirn, — murmelt etwas und schlägt das Fenster zu. — —

Am Himmel jagen die Wolken und bilden hakenförmige Streifen. — — Zerfetzte Hieroglyphen, wie eine alte, verloschene Schrift: „Richtet nicht, auf daß ihr nicht gerichtet werdet!“

Der Fluch der Kröte — Fluch der Kröte

Breit, mäßig bewegt und gewichtig.
„Meistersinger"

Auf die Straße zur blauen Pagode scheint heiß die indische Sonne herab — heiß die indische Sonne herab.

Die Menschen singen im Tempel und streuen dem Buddha weiße Blüten, und die Priester beten feierlich: Om mani padme hum; Om mani padme hum.

Die Straße menschenleer und verlassen: heute ist Feiertag.

Die langen Kushagräser hatten Spalier gebildet in den Wiesen an der Straße zur blauen Pagode — an der Straße zur blauen Pagode. Die Blumen alle warteten auf den Tausendfüßler, der da drüben wohnte in der Rinde des verehrungswürdigen Feigenbaumes.

Der Feigenbaum war das vornehmste Viertel.

„Ich bin der Verehrungswürdige," hatte er von sich selbst gesagt, „und aus meinen Blättern kann man Schwimmhosen machen — kann man Schwimmhosen machen."

Die große Kröte aber, die immer auf dem Steine saß, verachtete ihn, weil er angewachsen war, und hielt auch nichts von Schwimmhosen. — Und den Tausendfüßler haßte sie. Fressen konnte sie ihn nicht, denn er war sehr hart und hatte einen giftigen Saft, — giftigen Saft.

Darum haßte sie ihn — haßte sie ihn.

Sie wollte ihn verderben und unglücklich machen und hatte sich mit den Geistern der toten Kröten die ganze Nacht beraten.

Seit Sonnenaufgang saß sie auf dem Stein und wartete und bebte zuweilen mit dem Hinterfuß — bebte zuweilen mit dem Hinterfuß.

Dann und wann spuckte sie auf das Kushagras.

Alles schwieg: Blüten, Käfer, Blumen und Gräser. — Und der weite, weite Himmel. Denn es war Feiertag.

Nur die Unken im Tümpel — die unheiligen — sangen gottlose Lieder:

„I pfeif' auf die Lotosblum',
i pfeif' auf mein Leb'n, —
i pfeif' auf mein Leb'n, —
i pfeif' auf mein Leb'n . . ."

Da glitzerte es in der Rinde des Feigenbaumes und rieselte schimmernd herab wie eine Schnur schwarzer Perlen. — Wand sich kokett und hob den Kopf und spielte tanzend im strahlenden Sonnenlicht.

Der Tausendfüßler — der Tausendfüßler.

Der Feigenbaum schlug voll Wonne die Blätter zusammen, und das Kushagras raschelte entzückt — raschelte entzückt.

Der Tausendfüßler lief zum großen Stein, dort lag sein Tanzplatz — ein heller sandiger Fleck— -iger Fleck. Und huschte umher in Kreisen und Achtern, daß alles geblendet die Augen schloß — die Augen schloß.

Da gab die Kröte ein Zeichen, und hinter dem Stein hervor trat ihr ältester Sohn und überreichte mit tiefer Verbeugung dem Tausendfüßler ein Schreiben seiner Mutter. — Der nahm es mit dem Fuß Nr. 37 und fragte das Kushagras, ob alles auch richtig gestempelt sei.

„Wir sind zwar das älteste Gras der Erde, aber das wissen wir nicht, — die Gesetze sind jedes Jahr anders, — das weiß nur Indra allein — weiß nur Indra allein."

Da holte man die Brillenschlange, und die las den Brief vor:

„Seiner Hochgeboren, dem Herrn
Tausendfuß!

Ich bin nur ein Nasses, Schlüpfriges — ein Verachtetes auf Erden, und mein Laich wird gering geschätzt unter Pflanzen und Tieren. — Und glänze nicht und schillere nicht. — Ich habe nur vier Beine — nur vier Beine — und nicht tausend wie Du — nicht tausend wie Du. — O Verehrungswürdiger! — Dir nemeskar, Dir nemeskar! —"

„Ihm nemeskar, ihm nemeskar," stimmten begeistert die wilden Rosen aus Schiras mit ein in den persischen Gruß — in den persischen Gruß.

„Doch wohnet Weisheit in meinem Haupte und tiefes Wissen — und tiefes Wissen. Ich kenne die Gräser, die vielen, beim Namen. — Ich weiß die Zahl der Sterne am Nachthimmel und der Blätter des Feigenbaumes, — des angewachsenen. — Und mein Gedächtnis hat seinesgleichen nicht unter den Kröten in ganz Indien.

Siehe und dennoch kann ich die Dinge nur zählen, wenn sie stille stehen, — nicht, wenn sie sich bewegen — nicht, wenn sie sich bewegen.

Sage mir doch — o Verehrungswürdiger, wie es sein kann, daß Du beim Gehen immer weißt, mit welchem Fuße Du anfangen mußt, welcher der zweite sei, — und dann der dritte, — welcher dann kommt als vierter, als fünfter, als sechster, — ob der zehnte folgt oder der hundertste, — was dabei der zweite macht und der siebente, ob er stehen bleibt oder weitergeht, — wenn Du beim 917ten angelangt bist, den 700sten aufheben und den 39sten niedersetzen, den 1000sten biegen oder den vierten strecken sollst — strecken sollst.

O bitte, sage mir armem Nassen, Schlüpfrigen, das nur vier Beine hat — nur vier Beine hat — und nicht tausend wie Du — nicht tausend wie Du —, wie Du das machst, o Verehrungswürdiger!

Hochachtungsvoll
die Kröte."

„Nemeskar," flüsterte eine kleine Rose, die fast eingeschlafen war. Und die Kushagräser, die Blumen, die Käfer und der Feigenbaum und die Brillenschlange blickten erwartungsvoll auf den Tausendfüßler.

Selbst die Unken schwiegen — Unken schwiegen.

Der Tausendfüßler aber blieb starr an den Boden festgebannt und konnte hinfort kein Glied mehr rühren.

Er hatte vergessen, welches Bein er zuerst heben solle, und je mehr er darüber nachdachte, desto weniger konnte er sich entsinnen — konnte er sich entsinnen.

— — — — — — — — — — —

Auf die Straße zur blauen Pagode schien heiß die indische Sonne herab — indische Sonne herab.

Der Untergang

Chlodwig Dohna, ein nervöser Mensch, der ununterbrochen — jawohl ununterbrochen — sozusagen mit angehaltenem Atem achtgeben muß, um nicht jeden Moment sein psychisches Gleichgewicht zu verlieren und eine Beute seiner fremdartigen Gedanken zu werden! — Dohna, der mit der Pünktlichkeit einer Maschine kommt und geht, fast nie spricht und sich mit den Kellnern im Klub, um jedes überflüssige Wort zu meiden, nur durch Zettel verständigt, die seine Anordnungen für die kommende Woche enthalten, der soll krankhaft nervös sein?! —

Das ist ja rein zum Lachen!

„Es muß untersucht werden," meinten die Herren und beschlossen, um Dohna ein wenig auszuholen, kurzerhand eine Festlichkeit im Klub, der er nicht gut ausweichen konnte.

Sie wußten ganz gut, daß ein besonders höfliches und korrektes Benehmen ihn am leichtesten in eine angeregte Stimmung versetzte, und wirklich ging Dohna früher, als man gehofft hatte, aus sich heraus. —

„Ich möchte so gerne wieder einmal ein Seebad aufsuchen," sagte er, „wie in früheren Zeiten, wenn ich nur den Anblick der mehr oder weniger nackten Menschen vermeiden könnte. Sehen Sie, noch vor fünf Jahren konnte mich ein menschlicher Körper unter Umständen sogar begeistern, — griechische Statuen waren mir ein Kunstgenuß. — Und jetzt? — Seit mir die Schuppen von den Augen gefallen sind, quält mich ihr Anblick wie physischer Schmerz. — Bei den modernen Skulpturen mit den wirbelnden

8*

oder überschlanken Formen geht es noch halbwegs, aber ein nackter lebender Mensch ist und bleibt mir das Grauenhafteste, das sich denken läßt. — Die klassische Schönheit ist eine Schulsuggestion, die sich vererbt wie eine ansteckende Krankheit. — Betrachten Sie doch einmal eine Hand. Ein widerlicher Fleischklumpen mit fünf verschieden langen, scheußlichen Stummeln! Setzen Sie sich ruhig hin, schauen Sie so eine Hand an und werfen Sie alle Erinnerungen fort, die daran hängen, — betrachten Sie sie, kurz gesagt, wie etwas ganz Neues, und Sie werden verstehen, was ich meine. Und gar wenn Sie das Experiment auf die ganze menschliche Gestalt ausdehnen! Da faßt einen das Grausen, ich möchte sagen, die Verzweiflung, — eine nagende Todespein. Man fühlt den Fluch der Vertreibung aus dem Paradies am eigenen Fleische. Ja! — Wirklich schön ist eben nur das, was man sich mit Grenzen nicht vorstellen kann, — etwa der Raum; alles andere, begrenzte, selbst der prächtigste Schmetterlingsflügel, ruft den Eindruck der Verkrüppelung wach. — Die Ränder, die Grenzen der Dinge, werden mich noch zum Selbstmorde treiben; sie machen mich so elend, und es würgt mich, wie sie mir in die Seele schneiden. — Bei manchen Formen tritt mich dies Leiden weniger quälend an, — wie ich schon sagte: bei den stilisierten Linien der Sezession, aber unerträglich wird es bei den natürlichen, die quasi frei wachsen. — Der Mensch! — Der Mensch! Was peinigt einen so beim nackten Menschen?! Ich kann es nicht ergründen. Fehlen ihm Federn oder Schuppen, oder Lichtausstrahlungen? Ich sehe ihn immer wie ein Gerüst vor mir, um das herum die eigentliche Hülle fehlt — leer wie ein Rahmen ohne Bild. — Doch wohin soll ich die Augen geben, die so gar nicht zu dieser Vorstellung passen und so unbegrenzt scheinen?" —

Chlodwig Dohna hatte sich ganz in dem Thema verloren, sprang endlich auf und ging erregt im Zimmer auf und ab und biß dabei nervös an seinen Nägeln.

„Sie haben sich wohl viel mit Metaphysik oder Physiognomik befaßt?“ fragte ein junger Russe, Monsieur Petroff.

„Ich? Mit Physiognomik? — Nein. Brauche es auch gar nicht. Wenn ich bloß die Hosenbeine eines Menschen ansehe, weiß ich alles über ihn und kenne ihn besser als er sich selbst.

Lachen Sie nicht, mein Herr, es ist mein voller Ernst.“

Die Frage mußte Dohna immerhin in seinen sich fortspinnenden Grübeleien unterbrochen haben, — er setzte sich zerstreut nieder und empfahl sich plötzlich steif und förmlich von den Herren, die einander befremdet ansahen, aber nicht sonderlich befriedigt schienen: — es war ihnen zu wenig gewesen.

Am nächsten Tage fand man Dohna tot vor seinem Schreibtische.

Er hatte sich erschossen.

Vor ihm lag ein fußlanger Bergkristall mit spiegelnden Flächen und scharfen Kanten.

* * *

Der Verstorbene war vor fünf Jahren ein fröhlicher Mensch gewesen, der von Vergnügen zu Vergnügen eilte und mehr auf Reisen als zu Hause war.

Zu dieser Zeit lernte er in dem Kurorte Levico einen indischen Brahminen Mr. Lala Bulbir Singh kennen, der in seinen Anschauungen große Umwälzungen hervorbrachte.

An den Ufern des regungslosen Caldonazzo-Sees hatten sie oft geweilt, und Dohna hatte mit tiefer Verwunderung die Reden des Inders angehört, der, in allen europäischen Wissenszweigen auf das Gründlichste geschult, dennoch über sie in einer Weise sprach, die erkennen ließ, daß er sie nicht viel höher als Kinderspielzeug achtete.

Kam er auf sein Lieblingsthema: die direkte Erkenntnis der Wahrheit, so ging von seinen Worten, die er stets in einem eigentümlichen Rhythmus aneinander reihte, eine überwältigende Kraft aus, und dann schien es, als ob das Herz der Natur still stände und das unruhige Schilf gespannt dieser uralten, heiligen Weisheit lausche.

Aber auch viele seltsame Berichte erzählte er Dohna, die wie Märchen klangen: von der Unsterblichkeit im Körper und dem geheimen profunden Wissen der Sekte der Paradâ.

Aus dem Munde dieses ernsten, gelehrten Mannes hörten sie sich um so wunderbarer und kontrastreicher an. Geradezu wie eine Offenbarung aber wirkte der unerschütterliche Glauben, mit dem er von einem bevorstehenden Weltuntergange sprach:

Im Jahre 1914 werde sich nach einer Reihe schrecklicher Erdbeben ein großer Teil Asiens, der ungefähr dem Umfange Chinas entspricht, allmählich in einen einzigen gigantischen Krater verwandeln, in dem ein Meer geschmolzener Metallmassen zutage tritt.

Die ungeheure glühende Oberfläche würde naturgemäß in kurzer Zeit durch Oxydation allen Sauerstoff der Erde aufsaugen und die Menschheit dem Erstickungstode preisgeben.

Lala Bulbir Singh hatte die Kenntnis dieser Vorhersage aus jenen geheimen Manuskripten geschöpft, die in Indien einzig und allein einem Hochgradbrahminen zugänglich sind und für einen solchen jeden Zweifel an Wahrheit ausschließen.

Was aber Dohna besonders überraschte, war die Erzählung, daß ein neuer europäischer Prophet, namens Jan Doleschal, der sich in Prag aufhalte, erstanden sei und die gleiche Kenntnis lediglich aus sich selbst und durch geistige Offenbarungen erhalten habe. —

Wie der Inder steif und fest behauptete, sei Doleschal nach gewissen geheimen Zeichen auf Brust und Stirne die Wiederverkörperung eines Yogi aus dem Stamme der Sikhs, der zur Zeit des Guru Nanak gelebt und jetzt die Mission habe, einen Teil der Menschheit aus dem allgemeinen Untergange zu erretten. —

Er predige, wie vor 3000 Jahren der große Hindulehrer Patanjali, die Methode, durch Anhalten des Atems und gleichzeitige Konzentration der Gedanken auf ein gewisses Nervenzentrum die Tätigkeit der Lungen aufzuheben und das Leben unabhängig von atmosphärischer Luft zu gestalten.

Dohna war sodann in Gesellschaft Lala Bulbir Singhs in die Nähe Prags gereist, um den Propheten in eigener Person kennen zu lernen.

Auf dem Landsitze eines Fürsten fand das Zusammentreffen statt. —

Niemand, der nicht bereits zur Sekte gehörte oder von Gläubigen eingeführt wurde, durfte die Besitzung betreten.

Doleschals Eindruck war noch faszinierender als der des Brahminen, mit dem ihn übrigens eine tiefe Freundschaft verband. —

Der heiße konvergierende Blick seiner schwarzen Augen war unerträglich und drang wie ein glühender Draht ins Gehirn.

Dohna verlor jeden seelischen Halt unter dem überwältigenden Einflusse dieser beiden Männer. —

Er lebte wie im Taumel dahin und hielt mit der kleinen Gemeinde die vorgeschriebenen stundenlangen Gebete. — Halb träumend hörte er die rätselhaften ekstatischen Reden des Propheten, die er nicht verstand, und die dennoch wie Hammerschläge in sein Herz fielen und ein quälendes Dröhnen im ganzen Körper hervorriefen, um ihn bis tief in den Schlaf zu verfolgen. —

Jeden Morgen zog er mit den übrigen auf die Anhöhe des Parkes, wo eine Gruppe Arbeiter unter Leitung des Inders beschäftigt war, ein tempelähnliches achteckiges Gebäude zu vollenden, dessen Seitenteile ganz aus dicken Glastafeln bestanden.

Durch den Boden des Tempels führten mächtige Metallröhren zu einem naheliegenden Maschinenraum. —

*

Einige Monate später befand sich Dohna schwer nervenleidend in Begleitung eines befreundeten Arztes in einem Fischerdorfe der Normandie als jener sonderbare, sensitive Mensch, dem die Formen der Natur eine ununterbrochene geheimnisvolle Sprache redeten. —

Sein letztes Erlebnis mit dem Propheten hatte ihn fast getötet, und die Erinnerung daran war bis zu seinem Tode nicht mehr von ihm gewichen.

— — — — — — — — — — —

:Er war mit Männern und Weibern der Sekte in dem gläsernen Tempel eingeschlossen. —

In der Mitte der Prophet mit unterschlagenen Beinen auf einem roten Postamente. Sein Bild bricht sich in den achteckigen Glaswänden, daß es scheint, als sei er in hundert Verkörperungen zugegen. —

Scheußlicher, stinkender Rauch von verbranntem Bilsenkraut wirbelt aus einer Pfanne und legt sich schwer wie die Hände der Qual auf die Sinne. —

Ein schluchzendes, schlapfendes Geräusch dringt aus dem Boden herauf: sie pumpen die Luft aus dem Tempel. — —

Erstickende Gase fallen zur Decke herein, in der armdicke Schläuche münden: Stickstoff —

Wie Schlangen des Todes legt sich die schnürende Angst um Hals und Kopf. —

Der Atem wird röchelnd, das Herz hämmert zum Zerspringen.

Die Gläubigen schlagen an die Brust.

Der Prophet sitzt wie aus Stein gehauen, und alle fühlen sich von seinen starren schwarzen Augen verfolgt, die ihnen aus den Ecken drohend entgegenspiegeln. —

— — — — — — — — — — —

Halt, halt! — Um Gottes willen Luft, — Luft! — Ich ersticke. —

Alles dreht sich im Wirbel, der Körper verrenkt sich, die Finger krallen sich in die Kehle. —

Heulende Schmerzen wie der Tod das Fleisch von den Knochen saugt.

Weiber werfen sich zu Boden und winden sich im Krampfe des Erstickens. —

Die dort reißt sich mit blutigen Nägeln die Brust auf. —

In den Spiegeln die schwarzen Augen werden immer mehr und bedecken die Wände.

Begrabene Szenen aus dem Leben treten vor die Seele, und wirre Erinnerungen tanzen: Der Caldonazzo-See rauscht wie die Brandung, — Länderstrecken verdunsten, — der See ist ein Meer aus glühendem Kupfer geworden, und grüne Flammen hüpfen über dem Krater.

Aus der erstickenden Brust donnert der Herzschlag, und Lala Bulbir Singh fliegt als Geier über die Glut.

— — — Dann ist alles zerbrochen, erstickt, geborsten.

Noch ein Aufflackern klaren Bewußtseins: Aus den Ecken spiegelt die statuenhafte Gestalt Doleschals, seine Augen sind tot, und ein grauenhaftes Lächeln liegt wie eine Maske auf seinem Gesicht. —

Risus sardonius — das Leichengrinsen —, so nannten es die Alten.

Dann schwarze Nacht, ein kalter Windstoß fährt über den Körper. — Eiswogen dringen in die Lungen, und das Schluchzen der Pumpen ist verstummt.

Aus der Ferne klingt die rhythmische Stimme Lala Bulbir Singhs: „Doleschal ist nicht tot, er ist in ‚Samadhi' — der Verzückung der Propheten! — —"

Das alles hatte Dohnas Innerstes unheilbar erschüttert und die Tore seiner Seele erbrochen. —

Ja, wenn es einen Schwachen trifft, wirft es ihn um. —

Und seine Seele ist wund geblieben.

Die Erde werde ihm leicht.

Jörn Uhl

St sprich (s-prich) wie S-t
und mach die Schnauze süß und lieblich.

Jörn Uhl war lang, hatte die Augen enge stehend und strohblondes Haar. — Er war ein Obotrit seiner Abstammung nach. — Möglich auch, daß er ein Kaschube war, — jedenfalls war er ein Norddeutscher.

Er lebte abgeschlossen, stand früh vor Sonnenaufgang mit den Hühnern auf und wusch sich dann immer in einer Balje, während seine Brüder noch in den Federn lagen. —

Mach dich nützlich, war sein Wahlspruch, und wenn Sonnabendabends die alte Magd Dorchen Mahnke mit Gretchen Klempke am Gesindetische saß und tühnte, — ach, da schnackte er nu nie mit. —

Er war so abgeschlossen und gänzlich verschieden von seinen Geschwistern, und das kam wohl daher, weil seine Mutter, als sie ihn zeugte, an etwas ganz anderes gedacht hatte. —

„Tühnen — nein," — sagte er sich, biß die Zähne zusammen und ging hinaus in die Abendluft. — —

Er war ein Uhl!!

Dahinten — weit am Himmel — lag das letzte träumende Gelb, schwere Nachtwolken darüber, daß die Sterne nich hervorkonnten. Und dichte Nebelschleier zogen langsam über die Heide. — —

Da kam ein dunkler Schatten mit etwas Blitzendem über der Schulter auf das Haus zu. — Es war Fiete Krey, der so spät noch von Felde kam. — Ein paar Schritte von ihm wech Lisbeth Sootje, das Süßchen; — und sie trippelte auf Jörn zu und bot ihm die kleine Hand.

„'n Tachch, Jörn," sagte sie so fein zu ihm, als er ihre Hand hielt. — „Ich komme nu man eben ein bischen snacken. Is Dorchen in? — Sieh ma, ich hab' mich ein Strickstrumpf mitgebracht, — ach, nu hat sich das Strickzeug verheddert. Laß nachch," und: „muß mal klar kriegen," sagte sie dann, um sich von ihm loszumachen. —

Jörn kuckte ihr auf das blonde Köpfchen. —

Heintüüt, wollte er zu ihr sagen, Heintüüt; aber er sagte es nich, er dachte es bloß, — er war ein Uhl! —

Noch oft später im Leben mußte er daran denken, daß er ihr damals nich Heintüüt gesagt hatte, und auch sie dachte später oft daran zurück, wie sich ihr Strickzeug vertüdert hatte. —

So läßt es Gott oft anders geschehen, als wir hier auf Erden uns vornehmen. — Nöch?

Jörn strich noch durch die Wiesen, und es lag so kühl in der Luft. — Von weitem drangen über die Felder die Weisen der Spielleute aus der Schenke, bald leise, leise, — bald übermäßig deutlich, — wie es der Abendwind herübertrug. —

Als es an zu regnen fing, lenkte er seine Schritte dem Hofe zu. —

Es war schon so finster geworden, daß man es kaum über den Weg springen sah, wenn ein Pagütz mang das Gras hüpfte. —

Jörn legte seine Kappe ab, als er an den Gesindetisch trat. —

„Hast dein Strickzeug all klar gekriegt?" sagte er zu Lisbeth. — —

„Hab' es klar gekriegt," nickte sie. —

„Hest du all 'n Swohn siehn, dej mit 'n Buuk opn koolen Woter swemm?" fragte da Pieter Uhl, sein Bruder, und tat vertraulich zu Gretchen Klempke. —

„Ich geh nu man nach oben," sagte Jörn verdrossen, der solche Redensarten nicht leiden mochte. — Schlaf süß, Lisbeth!" —

„Schlaf süß, Jörn!" — — — — — — — — —

„Baller man jüü," rief ihm sein Bruder nach.

— — — — — — — — — — — —

„Ja-nu-man“ *) — — — seufzte Dorchen Mahnke, denn sie war hellsehend.

— — — — — — — — — — —

Jörn Uhl war nach oben gegangen — in sein Zimmer, — reinigte sein Beinkleid, denn er war arg in Mudd gesackt, und aß noch ein bischen Buchweizengrütze mit Sahne, die er von Mittag her in ein Topf getan und hinter dem Ofen verstochen hatte. —

„Schmeckt schön,“ sagte er.

Dann nahm er einen Foil und machte reine. —

Bis alles wieder blitzeblank gescheuert war, nahm er ein Buch vor, das ihm Fiete Krey mal von Hamburg mitgebracht hatte, wo gerade Dom war. —

„Ach, das is es ja nich,“ sagte er. — „Es is wohl Claudius, der Wandsbecker Bote: — — ‚lieber Mond, du gehst so stille‘ — der ruht nu man schon lange draußen in Ottensen.“ —

Dann nahm er ein ander Buch aus dem Spinde und trat für einen kleinen Augenblick an das Vogelbauer, das vor dem Fenster hing. —

„Bist ein klein süßer Finke,“ sagte er, tüüt — tüüt.“ — — Das Vögelchen hatte sein Köpfchen aus den Flügeln gezogen und sah nu ganz starr und erschrocken ins Lichte. — — Dann klappte er finster die Luke zu, denn von drüben her aus Krögers Destillation tönte das trunkene Gegröhle der wüsten Gesellen beim Bechersturz, — und setzte sich in Urahns geschnitzten Stuhl. — — — — — War auch so'n altes Stück! — Mit steife Lehne, und da, wo die Farbe wechgetan war, kuckte nu das schöne Schnitzwerk durch. —

Clawes Uhl anno domini 1675 stand darüber.

Ja, die Uhlen waren ein erbgesessen Geschlecht, knorrig und hahnebüchen! —

Wie Großmutter Jörn zum Manne nahm — Jörns Großvater hieß auch Jörn —, da wollte sie lange nicht Ja und Amen sagen. —

*) „Ja-nu-man“ nicht zu verwechseln mit Hanuman — der Affenkönig — brahminische Götterfigur.

Sie war eine stolze Deern gewesen, und verschlossen war sie — verschlossen, — hatte Kreyenblut in den Adern; und noch als sie eine Göhre war und zu Schule ging zu Pastor Lorenzen, sprach sie selten ein Wort und spielte nie mit den andern Göhren. —

Hatte klein harte Fäuste und rotes Haar, — die lüttje Deern. —

„Ich tanze nich mit dich," hatte sie zu ihrem Bräutigam gesagt, „im Tanze liegt etwas Sündhaftes in," und hatte sich wech von ihm gebogen.

Dann hatte sie noch ein „Rundstück waarm" mit Tunke gegessen und war allein hinausgefahren mit ihren Pferden über die dämmerfrische Heide. —

„Weshalb ich ihn nur nich liebe?" wiederholte sie sich immer wieder beim Fahren.

Dann hielt sie plötzlich an. — Ein Junge badete dort, nackend, ganz nackend. — Sie sah sich ihn lange an, und er bemerkte es nicht. — Da fühlte sie, wie etwas in ihre keusche Seele drang: — — daß alles in der Natur zur Liebe geschaffen war. —

Jetzt wußte sie es, sie hatte es deutlich gesehen. — Jetzt wußte sie auch, daß sie Jörn liebe, aus ganzer Seele liebe.

Keusch natürlich.

Da war Jörn leise an ihren Wagen getreten — er war ihr nachgegangen — und hinten aufgesessen. — „Wat kickst du so?" hatte er gesagt. —

Der Knabe aber verstach sich.

Ihr war ganz sladderig geworden. — „Mien Uhl," hatte sie gesagt. Dann waren sie zu zweit weiter gefahren. — —

So kam es, daß Großvater Uhl eine Krey zum Weibe nahm. — — — — — — — —

— — — — — — — — — — —

Wir hatten Jörn verlassen, als er Buchweizengrütze mit Schüh aß und ein Buch vorgenommen hatte. —

Es war: „Fietze Faatz, der Mettenkönig" von Pastor Thietgen und hatte eine Auflage, — sooo groß! —

In Hamburch las es jeder, es hieß sogar, daß es demnächst aus dem Frenssenschen ins Deutsche übersetzt werden sollte. —

Jörn Uhl las und las.

Es handelte davon, wie Fietze Faatz noch drei Jahre alt war, ein kleiner Buttje, — wie er immerzu lernen wollte — immerzu! — —, und mit Nestküken, seinem Schwesterlein, die ein klein niedlich Göhr war, in der Twiete spielte und im Fleet Sticklegrintjes fing. —

Wie er dann nach Schule sollte und nich lateinisch konnte. —

Wie Senator Stühlkens lütt Jettchen im Grünen Koppeister schoß und sie von einem Quittje und einer lüderlichen Deern das Lied lernten:

„Op de Brüch, do steit
en ohlen Kerl un fleit,
un Mareiken Popp
grölt jem dol
dat Signol:
Du kumm man eben ropp,"

und wie Vater da so böse über war. —

Jörn Uhl las und las: — daß Fietze Faatz 10 Jahre wurde, und 10 1/2 und 10 3/4 und 11 Jahre und Jettchen Stühlken immer Schritt mit ihm im Alter hielt und keines das andere darin überflügeln konnte, — daß Fietze Faatz von Tag zu Tag ernster zusah, wenn Jettchen Koppeister schoß, bis sie endlich längere Kleider erhielt.

Jörn Uhl las die ganze Nacht, — — und Fietze Faatz war erst 11 1/2 Jahre alt, — las den nächsten Tag und die kommende Nacht: — Da war Fietze Faatz allerdings schon 16 Jahre, aber Jörn hatte erst ein Drittel des Buches gelesen und fiel vor Schwäche vom Stuhl. — —

Wegen des Gepolters kam das Gesinde nach oben, — früher hatten sie es nicht gewagt — er war ein Uhl! —

Voran Fiete Krey, der Großknecht. — Wie der Jörn sah, scheuerte er sich hinter den Ohren und entsetzte sich: hatte der einen langen grauen Bart bekommen und war selber beim Lesen sechzehn Jahre älter geworden. — —

„Junge, — Minsch," — sagte Krey, — „kuck dich nu man eben im Spiegel." — — — — — —

„Dat kumt von die verdammten Bücher," setzte er halblaut hinzu.

Lisbeth Sootje aber mochte Jörn nu mit eins gar nich mehr leiden; — — —

Und so blieb es. — — — — — — —
— — — — — — — — — — —
— — — — — — — — — — —

Tja.

Eine Suggestion

23. September

So. — Jetzt bin ich fertig mit meinem System und sicher, daß kein Furchtgefühl in mir entstehen kann.

Die Geheimschrift kann niemand entziffern. Es ist doch gut, wenn man alles vorher genau überlegt und in möglichst vielen Gebieten auf der Höhe des Wissens steht. Dies soll ein Tagebuch für mich sein; kein anderer als ich ist es zu lesen imstande, und ich kann jetzt gefahrlos niederschreiben, was ich zu meiner Selbstbeobachtung für nötig halte. — Verstecken allein genügt nicht, der Zufall bringt es an den Tag. — Gerade die heimlichsten Verstecke sind die unsichersten. — Wie verkehrt alles ist, was man in der Kindheit lernt! — Ich aber habe mit den Jahren zu lernen verstanden, wie man den Dingen ins Innere sieht, und ich weiß ganz genau, was ich zu tun habe, damit auch nicht eine Spur von Furcht in mir erwachen kann.

Die einen sagen, es gibt ein Gewissen, die anderen leugnen es; das ist dann beiden ein Problem und ein Anlaß zum Streit. Und wie einfach doch die Wahrheit ist: Es gibt ein Gewissen und es gibt keines, je nachdem man daran glaubt. —

Wenn ich an ein Gewissen in mir glaube, suggeriere ich es mir. Ganz natürlich.

Seltsam ist dabei nur, daß, wenn ich an ein Gewissen glaube, es dadurch nicht nur *entsteht*, sondern auch sich ganz selbständig meinem Wunsche und Willen *entgegenzustellen* vermag. — — —

„Entgegen"stellen! — Sonderbar! — Es stellt sich also das Ich, das ich mir einbilde, dem Ich gegenüber, mit dem ich es mir selbst geschaffen habe, und spielt dann eine recht unabhängige Rolle. — — —

Eigentlich scheint es aber auch in andern Dingen so zu sein. Z. B. schlägt manchmal mein Herz schneller, wenn man von dem Morde spricht, und ich stehe dabei und bin doch sicher, daß sie mir nie auf die Spur kommen können. Ich erschrecke nicht im geringsten in solchen Fällen, — ich weiß es ganz genau, denn ich beobachte mich zu scharf, als daß es mir entgehen könnte; und doch fühle ich mein Herz schneller schlagen.

Die Idee mit dem Gewissen ist wirklich das Teuflischste, was je ein Priester erdacht hat. —

Wer wohl der erste war, der diesen Gedanken in die Welt brachte! — Ein Schuldiger? Kaum! Und ein Schuldloser? Ein sogenannter Gerechter? Wie hätte der sich so in die Folgen einer solchen Idee hineindenken können?! —

Es kann nur so sein, daß irgend ein Alter es Kindern als Schreckgespenst dargestellt hat. Mit dem Instinkt der drohenden Wehrlosigkeit des Alters gegenüber der keimenden brutalen Kraft der Jugend. —

Ich kann mich ganz gut erinnern, wie ich noch als großer Junge für möglich gehalten hätte, daß sich die Schemen der Erschlagenen an die Fersen des Mörders heften und ihm in Visionen erscheinen. —

Mörder! — Wie listig schon wieder das Wort gewählt und gebaut ist. — Mörder! Es liegt ordentlich etwas Röchelndes drin. —

Ich denke, der Buchstabe „Ö" ist die Wurzel, aus der das Entsetzliche aus-klingt. — —

Wie einen die Menschen mit Suggestionen schlau umstellt haben!

Aber ich weiß schon, wie ich solche Gefahren entwerte. Tausendmal habe ich mir dieses Wort an einem Abend vorgesagt, bis es die Schrecklichkeit für mich verloren hat. — Jetzt ist es mir ein Wort wie jedes andere. — —

— — Ich kann mir ganz gut vorstellen, daß einen ungebildeten Mörder die Wahnideen, von den Toten verfolgt zu werden, in den Irrsinn hetzen, aber nur den, der nicht überlegt, nicht wägt, nicht vorausdenkt. — Wer ist denn heutzutage gewöhnt, in brechende Augen voll Todesangst kaltblütig hineinzuschauen, ohne ein inneres Leck davonzutragen, oder in gurgelnde Kehlen den Fluch zurückzudrosseln, vor dem man sich heimlich doch fürchtet. — Kein Wunder, daß so ein Bild lebendig werden kann und dann eine Art Gewissen erzeugt, dem man schließlich erliegt. —

Wenn ich über mich nachdenke, muß ich bekennen, daß ich eigentlich geradezu genial vorgegangen bin:

Zwei Menschen kurz hintereinander zu vergiften und dabei alle Spuren des Verdachtes zu verwischen, ist wohl schon Dümmeren, als ich bin, geglückt; aber die Schuld, das eigene Schuldgefühl zu ersticken, noch ehe es geboren, das — — — Ich glaube wirklich, ich bin der einzige — — —

Ja, wenn einer das Unglück hätte, allwissend zu sein, für den gäbe es schwerlich einen inneren Schutz: — so aber habe ich wohlweislich meine eigene Unwissenheit benützt und klug ein Gift gewählt, das eine Todesart erzeugt, deren Verlauf mir gänzlich unbekannt ist und auch bleiben soll:

Morphium, Strychnin, Cyankali; — alle ihre Wirkungen kenne ich oder könnte ich mir vorstellen: Verrenkungen, Krämpfe, blitzartiges Niederstürzen, Schaum vor den Mund. — Aber Curarin! — Ich habe keine Ahnung, wie bei diesem Gift der Todeskampf aussehen mag, und wie sollte sich da eine Vorstellung in mir bilden können?! Darüber nachzulesen werde ich mich natürlich hüten, und zufällig oder unfreiwillig etwas darüber mit anhören zu müssen, ist ausgeschlossen. — Wer kennt denn heute überhaupt den Namen Curarin?!

Also! — Wenn ich mir nicht einmal ein Bild von den letzten Minuten meiner beiden Opfer (welch albernes Wort) machen kann, wie könnte mich ein solches je verfolgen? — Und sollte ich dennoch davon träumen, so kann ich mir beim Erwachen die Unhaltbarkeit einer solchen Suggestion direkt beweisen. Und welche Suggestion wäre stärker als ein solcher Beweis!

— — — — — — — — — — —

26. September

Merkwürdig, gerade heute nachts träumte ich, daß die beiden Toten links und rechts hinter mir hergehen. — Vielleicht, weil ich gestern die Idee vom Träumen niedergeschrieben habe!? —

Da gibt es jetzt nur zwei Wege, um solchen Traumbildern den Eintritt zu verrammeln:

Entweder fortwährend sie sich innerlich vorzuhalten, um sich daran zu gewöhnen, wie ich es mit dem dummen Wort „Mörder" mache, oder zweitens diese Erinnerung ganz auszureißen aus dem Gedächtnisse. —

Das erstere? — Hm. — — Das Traumbild war zu scheußlich! — — Ich wähle den zweiten Weg. —

Also: „Ich will nicht mehr daran denken! Ich will nicht! Ich will nicht, nicht, nicht mehr daran denken! — Hörst Du! — Du sollst gar nicht mehr daran denken! —"

Eigentlich ist diese Form: „Du sollst nicht usw." recht unüberlegt, wie ich jetzt bemerke, man soll sich nicht mit „Du" anreden, — dadurch zerlegt man sozusagen sein Ich in zwei Teile: in ein Ich und ein Du, und das könnte mit der Zeit verhängnisvolle Wirkungen haben! —

— — — — — — — — — — —

5. Oktober

Wenn ich das Wesen der Suggestion nicht so genau studiert hätte, könnte ich wirklich recht nervös werden: Heute war es die achte Nacht, daß ich jedesmal von demselben Bilde geträumt habe. — Immer die Zwei hinter mir her, auf Schritt und Tritt. —

— Ich werde heute abends unter die Leute gehen und etwas mehr als sonst trinken. —

Am liebsten ginge ich ins Theater, — aber natürlich: gerade heute ist „Macbeth". — — — — —

— — — — — — — — — — —

7. Oktober

Man lernt doch nie aus. — Jetzt weiß ich, warum ich so hartnäckig davon träumen mußte. — Paracelsus sagt ausdrücklich, daß man, um beständig lebhaft zu träumen, nichts anderes zu tun brauche, als ein- oder zweimal seine Träume niederzuschreiben. Das werde ich nächstens gründlich bleiben lassen.

Ob das so ein moderner Gelehrter wüßte. Aber auf den Paracelsus schimpfen, das können sie.

— — — — — — — — — — —

13. Oktober

Ich muß mir heute genau aufschreiben, was passiert ist, damit nicht in meiner Erinnerung etwa Dinge dazuwachsen, die gar nicht geschehen sind. — —

Seit einiger Zeit hatte ich das Gefühl — die Träume bin ich Gott sei dank los —, als ob stets jemand links hinter mir ginge. —

Ich hätte mich natürlich umdrehen können, um mich von der Sinnestäuschung zu überzeugen, das wäre aber ein großer Fehler gewesen, denn schon dadurch hätte ich mir selbst gegenüber heimlich zugegeben, daß die Möglichkeit von etwas Wirklichem überhaupt vorhanden sein könne. — Das hielt so einige Tage an. — Ich blieb gespannt auf meiner Hut. —

Wie ich nun heute früh an meinen Frühstückstisch trete, habe ich wieder dieses lästige Gefühl, und plötzlich höre ich ein knirschendes Geräusch hinter mir. — Ehe ich mich fassen konnte, hatte mich der Schrecken übermannt, und ich war herumgefahren. — Einen Augenblick sah ich ganz deutlich mit wachen Augen den toten Richard Erben, grau in grau, — dann huschte das Phantom blitzschnell wieder hinter mich, — aber doch nicht mehr so weit, daß ich es nur wie vorher bloß ahnen kann. — Wenn ich mich ganz grad richte und die Augen stark nach links wende, kann ich seine Konturen sehen, so wie im Augenschimmer; — drehe ich aber den Kopf, so weicht die Gestalt im selben Maß zurück. —

— — — — — — — — — — —

Es ist mir ja ganz klar, daß das Geräusch nur von der alten Aufwärterin verursacht sein konnte, die keinen Augenblick still ist und sich immer an den Türen herumdrückt.

Sie darf mir von jetzt ab nur mehr in die Wohnung, wenn ich nicht zu Haus bin. Ich will überhaupt keinen Menschen mehr in die Nähe haben. —

Wie mir das Haar zu Berge stand! — Ich denke mir, daß das davon kommt, daß sich einem die Kopfhaut zusammenzieht. — —

Und das Phantom? Die erste Empfindung war ein Nachwehen aus den früheren Träumen, — ganz einfach; und das Sichtbarwerden entstand ruckweise durch den plötzlichen Schrecken. — Schrecken, — Furcht, Haß, Liebe sind lauter Kräfte, die das Ich zerteilen und daher die eigenen, sonst ganz unbewußten Gedanken sichtbar machen können, daß sie sich im Wahrnehmungsvermögen wie in einem Reflektor spiegeln. —

Ich darf jetzt längere Zeit gar nicht unter Leute gehen und muß mich scharf beobachten, denn das geht so nicht mehr weiter. —

Unangenehm ist, daß all das gerade auf den dreizehnten des Monats fallen muß. — Ich hätte wirklich gegen das alberne Vorurteil mit dem dreizehnten, das eben auch in mir zu stecken scheint, von allem Anfange an energisch kämpfen sollen. — Übrigens, was liegt an diesem unwichtigen Umstand. — — —
— — — — — — — — — — —

20. Oktober

Am liebsten hätte ich meine Koffer gepackt und wäre in eine andere Stadt gefahren. —

Schon wieder hat sich die Alte an der Tür zu schaffen gemacht. —

Wieder dieses Geräusch, — diesmal rechts hinter mir. — Derselbe Vorgang wie neulich. — Jetzt sehe ich rechts meinen vergifteten Onkel, und wenn ich das Kinn auf die Brust drücke, so quasi auf meine Schultern schiele, — alle beide links und rechts. —

Die Beine kann ich nicht sehen. Es scheint mir übrigens, als ob die Gestalt des Richard Erben jetzt mehr hervorgetreten, näher zu mir gekommen wäre. —

Die Alte muß mir aus dem Hause, — das wird mir immer verdächtiger, — aber ich werde noch einige Wochen ein freundliches Gesicht machen, — damit sie nicht Mißtrauen schöpft. —

Auch das Übersiedeln muß ich noch hinausschieben, es würde den Leuten auffallen, und man kann nicht vorsichtig genug sein. —

Morgen will ich wieder das Wort „Mörder" ein paar Stunden lang üben — es fängt an, unangenehm auf mich zu wirken —, um mich wieder an den Klang zu gewöhnen. — — —

Eine merkwürdige Entdeckung habe ich heute gemacht: ich habe mich im Spiegel beobachtet und gesehen, das ich beim Gehen mehr mit dem Ballen auftrete als früher und daher ein leichtes Schwanken spüre. — Die Redensart vom „festen Auftreten" scheint einen tiefen, inneren Sinn zu haben, wie überhaupt in den Worten ein psychologisches Geheimnis zu stecken scheint. — Ich werde darauf achten, daß ich wieder mehr auf den Fersen gehe. —

Gott, wenn ich nur nicht immer über Nacht die Hälfte von dem vergäße, was ich mir tagsüber vornehme. — Rein, als ob der Schlaf alles verwischte. — — — — — — — — — — —

1. November

Letztesmal habe ich doch absichtlich nichts über das zweite Phantom niedergeschrieben, und doch verschwindet es nicht. — Gräßlich, gräßlich. — Gibt es denn keinen Widerstand? —

Ich habe doch einmal ganz klar unterschieden, daß es zwei Wege gibt, um mich aus der Sphäre solcher Bilder zu rücken. — Ich habe doch den zweiten eingeschlagen und bin dabei immerwährend auf dem ersten! —

War ich denn damals sinnesverwirrt? —

Sind die beiden Gestalten Spaltungen meines Ichs oder haben sie ihr eigenes unabhängiges Leben?

— — — Nein, nein! — Dann würde ich sie ja füttern mit meinem eigenen Leben! — — — — — Also sind es doch wirkliche Wesen! — Grauenhaft! — Aber nein, ich betrachte sie doch nur als selbständige Wesen, und was man als Wirklichkeit betrachtet, das ist — das ist — — — Herrgott, barmherziger, ich schreibe ja nicht, wie man sonst schreibt. — Ich schreibe ja, als ob mir jemand diktieren würde. — — — — Das muß von der Geheimschrift kommen, die ich immer erst übersetzen muß, ehe ich sie fließend lesen kann. —

Morgen schreibe ich das ganze Buch noch einmal kurrent ab. — Herrgott, steh mir bei in dieser langen Nacht. — — — — — — —
— — — — — — — — — — —

10. November

Es sind wirkliche Wesen, sie haben mir im Traum ihren Todeskampf erzählt. — Jesus, schütze mich, — ja — Jesus, Jesus! — Sie wollen mich erdrosseln! — Ich habe nachgelesen; — es war die Wahrheit, — Curarin wirkt so, genau so. — Woher wüßten sie es, wenn sie nur Scheinwesen wären — — —

Gott im Himmel, — warum hast du mir nie gesagt, daß man nach dem Tode weiterlebt, — ich hätte ja nicht gemordet.

Warum hast du dich mir nicht als Kind geoffenbart? — — —

— — — Ich schreibe schon wieder so, wie man spricht; und ich will nicht.
— — — — — — — — — — —

12. November

Ich sehe wieder klar, jetzt, wo ich das ganze Buch abgeschrieben habe. — Ich bin krank. Da hilft nur kalter Mut und klares Wissen.

Für morgen früh habe ich mir den Dr. Wetterstrand bestellt, der muß mir genau sagen, wo der Fehler lag. — Ich werde ihm alles haarklein berichten, er wird mir ruhig zuhören und das über Suggestion verraten, was ich noch nicht weiß. —

Er kann im ersten Augenblick unmöglich für wahr

halten, daß ich wirklich gemordet habe, — er wird glauben, ich sei bloß wahnsinnig. —

Und daß er es sich zu Hause nicht mehr überlegt, dafür werde ich sorgen: — — Ein Gläschen Wein!!!

— — — — — — — — — — —

13. November

— — — — — — — — — — —

— — — — — — — — — — —

G. M.

„Mackintosh ist wieder hier, das Mistvieh.“

Ein Lauffeuer ging durch die Stadt.

George Mackintosh, den Deutschamerikaner, der vor fünf Jahren allen adieu gesagt, hatte jeder noch gut im Gedächtnis, — seine Streiche konnte man gerade so wenig vergessen wie das scharfe, dunkle Gesicht, das heute wieder auf dem „Graben“ aufgetaucht war. —

Was will denn der Mensch schon wieder hier?

Langsam, aber sicher war er damals weggeekelt worden; — alle hatten daran mitgearbeitet, — der mit der Miene der Freundschaft, jener mit Tücke und falschen Gerüchten, aber jeder mit einem Quentchen vorsichtiger Verleumdung — und alle diese kleinen Niederträchtigkeiten ergaben schließlich zusammen eine so große Gemeinheit, daß sie jeden anderen Mann wahrscheinlich zerquetscht hätte, den Amerikaner aber nur zu einer Abreise bewog. — — —

Mackintosh hatte ein Gesicht, scharf wie ein Papiermesser, und sehr lange Beine. Das allein schon vertragen die Menschen schlecht, die die Rassentheorie so gerne mißachten.

Er war schrecklich verhaßt, und anstatt diesen Haß zu verringern, indem er sich landläufigen Ideen angepaßt hätte, stand er stets abseits der Menge und kam alle Augenblicke mit etwas neuem: — Hypnose, Spiritismus, Handlesekunst, ja eines Tages sogar mit einer symbolistischen Erklärung des Hamlet. — Das mußte natürlich die guten Bürger aufbringen und ganz besonders keimende Genies, wie z. B. den

Herrn Tewinger vom Tageblatt, der soeben ein Buch unter dem Titel „Wie ich über Shakespeare denke" herausgeben wollte.

— — — — — — — — — — —

Und dieser „Dorn im Auge" war wieder hier und wohnte mit seiner indischen Dienerschaft in der „roten Sonne".

„Wohl nur vorübergehend?" forschte ihn ein alter Bekannter aus.

„Natürlich: vorübergehend, denn ich kann mein Haus ja erst am 15. August beziehen. — Ich habe mir nämlich ein Haus in der Ferdinandstraße gekauft." —

Das Gesicht der Stadt wurde um einige Zoll länger: — Ein Haus in der Ferdinandstraße! — Woher hat dieser Abenteurer das Geld?! —

Und noch dazu eine indische Dienerschaft. — Na, werden ja sehen, wie lange er machen wird! — —

— — — — — — — — — — —

Mackintosh hatte natürlich schon wieder etwas Neues: Eine elektrische Maschinerie, mit der man Goldadern in der Erde sozusagen wittern könne, — eine Art moderner wissenschaftlicher Wünschelrute. —

Die meisten glaubten es selbstverständlich nicht: „Wenn es gut wäre, hätten das doch schon andere erfunden!"

Nicht wegzuleugnen war aber, daß der Amerikaner während der fünf Jahre ungeheuer reich geworden sein mußte. Wenigstens behauptete dies das Auskunftsbureau der Firma Schnufflers Eidam steif und fest.

— — Und richtig, es verging auch keine Woche, daß er nicht ein neues Haus gekauft hätte. —

Ganz planlos durcheinander; eines auf dem Obstmarkt, dann wieder eines in der Herrengasse, — aber alle in der inneren Stadt. —

Um Gottes willen, will er es vielleicht bis zum Bürgermeister bringen?

Kein Mensch konnte daraus klug werden. —

— — — — — — — — — — —

„Haben Sie schon seine Visitenkarte gesehen? Da schauen Sie her, das ist denn doch schon die höchste Frechheit, — bloß ein Monogramm, — gar kein Name! — Er sagt, er brauche nicht mehr zu heißen, er hätte Geld genug!“

— — — — — — — — — — —

Mackintosh war nach Wien gefahren und verkehrte dort, wie das Gerücht ging, mit einer Reihe Abgeordneten, die täglich um ihn waren.

Was er mit ihnen gar so wichtig tat, konnte man nicht und nicht herausbekommen, aber offenbar hatte er seine Hand bei dem neuen Gesetzentwurf über die Umänderung der Schurfrechte im Spiele.

Täglich stand etwas in den Zeitungen, — Debatten für und wider, — und es sah ganz danach aus, als ob das Gesetz, daß man hinfort — natürlich nur außer gewöhnlichen Vorkommnissen — auch mitten in den Städten Freischürfe errichten dürfe, recht bald angenommen werden würde.

Die Geschichte sah merkwürdig aus, und die allgemeine Meinung lautete, daß wohl irgend eine große Kohlengewerkschaft dahinter stecken müsse.

Mackintosh allein hatte doch gewiß kein so starkes Interesse daran, — wahrscheinlich war er nur von irgend einer Gruppe vorgeschoben. — — — — —

— — — — — — — — — — —

Er reiste übrigens bald nach Hause zurück und schien ganz vortrefflicher Laune. So freundlich hatte man ihn noch nie gesehen.

„Es geht ihm aber auch gut, — erst gestern hat er sich wieder eine ‚Realität‘ gekauft, — es ist jetzt die dreizehnte,“ — erzählte beim Beamtentische im Kasino der Herr Oberkontrollor vom Grundbuchsamt. — „Sie kennen's ja: das Eckhaus ‚zur angezweifelten Jungfrau‘ schräg vis-à-vis von den ‚drei eisernen Trotteln‘, wo jetzt die städtische Befundhauptkommission für die Inundations-Bezirkswasserbeschau drin ist.“

„Der Mann wird sich noch verspekulieren und so,“ meinte da der Herr Baurat, — „wissen Sie, um was er jetzt wieder angesucht hat, meine Herren?

— Drei von seinen Häusern will er einreißen lassen, das in der Perlgasse — das vierte rechts neben dem Pulverturm — und das Numero conscriptionis 47184/II. — Die neuen Baupläne sind schon bewilligt!" —

*
* *

Alles sperrte den Mund auf.

Durch die Straßen jagte der Herbstwind, — die Natur atmet tief auf, ehe sie schlafen geht.

Der Himmel ist so blau und kalt, und die Wolken so backig und stimmungsvoll, als hätte sie der liebe Gott eigens von Meister Wilhelm Schulz malen lassen.

O, wie wäre die Stadt so schön und rein, wenn der ekelhafte Amerikaner mit seiner Zerstörungswut nicht die klare Luft mit dem feinen Mauerstaub so vergiftet hätte. — — Das aber auch so etwas bewilligt wird!

Drei Häuser einreißen, na gut, — aber alle dreizehn gleichzeitig, da hört sich denn doch alles auf.

Jeder Mensch muß ja schon husten, und wie weh das tut, wenn einem das verdammte Ziegelpulver in die Augen kommt. — —

— — — — — — — — — — — —

„Das wird ein schön verrücktes Zeug werden, was er uns dafür aufbauen wird. — ‚Sezession' natürlich, — ich möchte darauf wetten," hieß es. —

— — — — — — — — — — — —

„Sie müssen wirklich nicht recht gehört haben, Herr Schebor! — Was?! gar nichts will er dafür hinbauen? — Ist er denn irrsinnig geworden, — wozu hätte er denn dann die neuen Baupläne eingereicht?" —

— — — — — „Bloß damit ihm vorläufig die Bewilligung zum Einreißen der Häuser erteilt wird!" —

— — — — — ? ? ? ? ? ? — — — —

— — — — — — — — — — — —

„Meine Herren, wissen Sie das Neueste schon," der Schloßbauaspirant Vyskotschil war ganz außer Atem: „Gold in der Stadt, ja wohl, — Gold! Vielleicht grad' hirr zu unsrrn Fißen."

Alles sah auf die Füße des Herrn von Vyskotschil, die flach wie Biskuits in den Lackstiefeln staken.

Der ganze „Graben" lief zusammen.

„Wer hat da was gesaagt von Gold?" rief der Herr Kommerzienrat Löwenstein.

„Mr. Mackintosh will goldhaltiges Gestein in dem Bodengrund seines niedergerissenen Hauses in der Perlgasse gefunden haben," bestätigte ein Beamter des Bergbauamtes, „man hat sogar telegraphisch eine Kommission aus Wien berufen."

— — — — — — — — — — —

Einige Tage später war George Mackintosh der gefeiertste Mann der Stadt. In allen Läden hingen Photographien von ihm, — mit dem kantigen Profil und dem höhnischen Zug um die schmalen Lippen.

Die Blätter brachten seine Lebensgeschichte, die Sportberichterstatter wußten plötzlich genau sein Gewicht, seinen Brust- und Bicepsumfang, ja sogar, wie viel Luft seine Lunge fasse.

Ihn zu interviewen war auch gar nicht schwer.

Er wohnte wieder im Hotel „zur roten Sonne," ließ jederman vor, bot die wundervollsten Zigarren an und erzählte mit entzückender Liebenswürdigkeit, was ihn dazu geführt hatte, seine Häuser einzureißen und in den freigewordenen Baugründen nach Gold zu graben:

Mit seinem neuen Apparat, der durch Steigen und Fallen der elektrischen Spannung genau das Vorhandensein von Gold unter der Erde anzeige und der seinem eigenen Gehirn entsprungen sei, hätte er nachts nicht nur die Keller seiner Gebäude genau durchforscht, sondern auch die aller seiner Nachbarhäuser, in die er sich heimlichen Zutritt zu verschaffen gewußt.

„Sehen Sie, da haben Sie auch die amtlichen Berichte des Bergbauamtes und das Gutachten des eminenten Sachverständigen Professor Senkrecht aus Wien, der übrigens ein alter guter Freund von mir ist."

— — — — Und richtig, da stand schwarz auf

weiß, mit dem amtlichen Stempel beglaubigt, daß sich in sämtlichen dreizehn Bauplätzen, die der Amerikaner George Mackintosh käuflich erworben, Gold in der dem Sande beigemengten, bekannten Form gefunden habe, und zwar in einem Quotienten, der auf eine immense Menge Gold besonders in den unteren Schichten mit Sicherheit schließen lasse. Diese Art des Vorkommens sei bis jetzt nur in Amerika und Asien nachgewiesen worden, doch könne man der Ansicht des Mr. Mackintosh, daß es sich hier offenkundig um ein altes Flußbett der Vorzeit handle, ohne weiteres beipflichten. Eine genaue Rentabilität lasse sich ziffernmäßig natürlich nicht ausführen, aber daß hier ein Metallreichtum erster Stärke, ja vielleicht ein ganz beispielloses Lager verborgen liege, sei wohl außer Zweifel.

Besonders interessant war der Plan, den der Amerikaner von der mutmaßlichen Ausdehnung der Goldmine entworfen und der die vollste Anerkennung der sachverständigen Kommission gefunden hatte.

Da sah man deutlich, daß sich das ehemalige Flußbett von einem Hause des Amerikaners anfangend zu den übrigen in komplizierten Windungen gerade unter den Nachbarhäusern hinzog, um wieder bei einem Eckhause Mackintoshs in der Zeltnergasse in der Erde zu verschwinden. —

Die Beweisführung, daß es so und nicht anders sein konnte, war so einfach und klar, daß sie jedem, — selbst wenn er nicht an die Präzision der elektrischen Metallkonstatierungsmaschine glauben wollte — einleuchten mußte.

— — — — War das ein Glück, daß das neue Schurfrecht bereits Gesetzeskraft erlangt hatte. —

Wie umsichtig und verschwiegen der Amerikaner aber auch alles vorgesehen hatte.

Die Hausherren, in deren Grund und Boden plötzlich solche Reichtümer staken, saßen aufgeblasen in den Kaffees und waren des Lobes voll über ihren findigen Nachbar, den man früher so grundlos und niederträchtig verleumdet hatte.

„Pfui über solche Ehrabschneider!"

Jeden Abend hielten die Herren lange Versammlungen und berieten sich mit dem Advokaten des engeren Komitees, was nunmehr geschehen solle.

„Ganz einfach! — Alles genau dem Mr. Mackintosh nachmachen," meinte der, „neue ixbeliebige Baupläne überreichen, wie es das Gesetz verlangt, dann einreißen, einreißen, einreißen, damit man so rasch wie möglich auf den Grund kommt. — Anders geht es nicht, denn schon jetzt in den Keller nachzugraben, ist nutzlos und übrigens nach § 47a Unterabteilung Y gebrochen durch römisch XXIII unzulässig." — —

— — — — Und so geschah es. —

Der Vorschlag eines überklugen ausländischen Ingenieurs, sich erst zu überzeugen, ob nicht Mackintosh am Ende gar den Goldsand auf die Fundstellen heimlich habe hinschaffen lassen, um die Kommission zu täuschen, — wurde niedergelächelt.

— — — — — — — — — — —

Ein Gehämmer und Gekrach in den Straßen, das Fallen der Balken, das Rufen der Arbeiter und das Rasseln der Schuttwagen, dazu der verdammte Wind, der den Staub in dichten Wolken umherblies! Es war zum Verstandverlieren.

Die ganze Stadt hatte Augenentzündung, die Vorzimmer der Augenklinik platzten fast vor dem Andrang der Patienten, und eine neue Broschüre des Professors Wochenschreiber „über den befremdenden Einfluß moderner Bautätigkeit auf die menschliche Hornhaut" war binnen weniger Tage vergriffen.

Es wurde immer ärger.

Der Verkehr stockte. In dichter Menge belagerte das Volk die „rote Sonne", und jeder wollte den Amerikaner sprechen, ob er denn nicht glaube, daß sich auch unter andern Gebäuden als den im Plane bezeichneten — Gold finden müsse.

Militärpatrouillen zogen umher, an allen Straßenecken klebten die Kundmachungen der Behörden, daß vor Eintreffen der Ministerialerlässe strengstens verboten sei, noch andere Häuser niederzureißen.

Die Polizei ging mit blanker Waffe vor: kaum daß es nützte.

Gräßliche Fälle von Geistesstörung wurden bekannt: In der Vorstadt war eine Witwe nachts und im Hemde auf das eigene Dach geklettert und hatte unter gellem Gekreisch die Dachziegel von den Balken ihres Hauses gerissen.

Junge Mütter irrten wie trunken umher, und arme verlassene Säuglinge vertrockneten in den einsamen Stuben.

Ein Dunst lag über der Stadt, — dunkel, als ob der Dämon Gold seine Fledermausflügel ausgebreitet hätte.

— — — — — — — — — — —

Endlich, endlich war der große Tag gekommen. Die früher so herrlichen Bauten waren verschwunden, wie aus dem Boden gerissen, und ein Heer von Bergknappen hatte die Maurer abgelöst.

Schaufel und Spitzhaue flogen.

— — — — — — — — — — —

Von Gold — — keine Spur! — Es mußte also wohl tiefer liegen, als man vermutet hatte.

— — — — — — — — — — —

— — — — Da! — — ein seltsames riesengroßes Inserat in den Tagesblättern: —

„George Mackintosh an seine teuern Bekannten und die ihm so lieb gewordene Stadt!

— — — — — — — — — —

Umstände zwingen mich, allen für immer Lebewohl zu sagen.

Ich schenke der Stadt hiermit den großen Fesselballon, den ihr heute nachmittags auf dem Josefsplatz das erste mal aufsteigen sehen und jederzeit zu meine Gedächtnisse umsonst benützen könnt. Jeden einzelnen der Herren nochmals zu besuchen, fiel mir schwer, darum lasse ich in der Stadt eine große Visitenkarte zurück."

„Also doch wahnsinnig!

‚Visitenkarte in der Stadt zurücklassen!‘ Heller Unsinn!

Was soll denn das Ganze überhaupt heißen? Verstehen Sie das vielleicht?“ — So rief man allenthalben.

„Befremdend ist nur, daß der Amerikaner vor acht Tagen seine sämtlichen Bauplätze heimlich verkauft hat!“

— Der Photograph Maloch war es, der endlich Licht in das Rätsel brachte; er hatte als erster den Aufstieg mit dem angekündigten Fesselballon mitgemacht und die Verwüstungen der Stadt von der Vogelperspektive aufgenommen.

Jetzt hing das Bild in seinem Schaufenster, und die Gasse war voll Menschen, die es betrachten wollten.

Was sah man da?

Mitten aus dem dunkeln Häusermeer leuchteten die leeren Grundflächen der zerstörten Bauten in weißem Schutt und bildeten ein zackiges Geschnörkel:

„G M“

Die Initialen des Amerikaners!

— — — — Die meisten Hausherren hat der Schlag getroffen, bloß dem alten Herrn Kommerzienrat Schlüsselbein war es ganz wurst. Sein Haus war so wie so baufällig gewesen.

Er rieb sich nur ärgerlich die entzündeten Augen und knurrte:

„Ich hab's ja immer gesagt, für was Ernstes hat der Mackintosh nie á Sinn gehabt.“